AUTO
DIAGNOSTIC

**L'outil
de
vérification
de
votre
gestion**

Publications
TRANSCONTINENTAL inc.
Division des livres
465, rue Saint-Jean
9e étage
Montréal, Québec
H2Y 3S4
(514) 284-0339

Fondation de l'Entrepreneurship
160, 76e Rue Est
Bureau 250
Charlesbourg, Québec
G1H 7H6
(418) 646-1994

La collection Entreprendre est une initiative conjointe de
la Fondation de l'Entrepreneurship et des Publications
Transcontinental, division des livres pour répondre aux
besoins des futurs et nouveaux entrepreneurs.

Conception graphique de la couverture :
  Maryse Charette

Photocomposition et mise en page :
  Ateliers de typographie Collette inc.

Impression :
  Les Éditions Marquis Ltée

Dépôt légal - 1er trimestre 1991
Bibliothèque nationale du Québec
Bibliothèque nationale du Canada

ISBN 2-921030-25-X

PIERRE LEVASSEUR
CORINNE BRULEY
JEAN PICARD

AUTO DIAGNOSTIC

L'outil de vérification de votre gestion

Publications
TRANSCONTINENTAL
inc.

Fondation de
l'Entrepreneurship

La fondation de l'Entrepreneuship est un organisme québécois à but non lucratif dont la mission est :

- l'identification et la libération du potentiel entrepreneurial des personnes ;
- la formation des futurs et des nouveaux entrepreneurs ;
- la mise en place de conditions favorables à leur établissements.

La Fondation est bien connue pour avoir suscité les cours-concours *Devenez Entrepreneur*, pour ses colloques annuels, ainsi que pour sa participation à la diffusion d'ouvrages utiles aux dirigeants de petites entreprises.

La Fondation fait appel à quatre partenaires et à quarante gouverneurs et rend hommage à son premier partenaire « La Financière Prêts-Épargne Inc. », ainsi qu'à son premier Gouverneur « Noranda ».

TABLE DES MATIÈRES

AVANT-PROPOS 11

INTRODUCTION 13

PREMIÈRE PARTIE :
L'ENTREPRENEUR 17

INTRODUCTION 19

SECTION 1 Le constat personnel 21

Ma vie d'entrepreneur
QUESTIONNAIRE 1 22

Mon contrôle sur la situation
QUESTIONNAIRE 2 27

J'agis ou je réagi ?
QUESTIONNAIRE 3 30

SECTION 2 Forces et obstacles 33

Mes habiletés personnelles
QUESTIONNAIRE 4 34

Mon degré de connaissances
QUESTIONNAIRE 5 36

SECTION 3 Mon bilan personnel 39

Bilan personnel 42

Commentaires sur le bilan
personnel 46

Plan d'action personnel 49

DEUXIÈME PARTIE :
L'ENTREPRISE 51

INTRODUCTION 53

SECTION 1 *Les fonctions vitales de*
mon entreprise 55

La mission
QUESTIONNAIRE 6 56

Les finances 60

A- Ma situation financière
QUESTIONNAIRE 7 60

B- Relation avec mon
institution financière
QUESTIONNAIRE 8 64

C- Mon système d'informations
comptables et financières
QUESTIONNAIRE 9 66

La rentabilité
QUESTIONNAIRE 10 71

Le marketing
QUESTIONNAIRE 11 77

L'aspect humain de mon organisation
QUESTIONNAIRE 12 84

Les occasions et menaces
QUESTIONNAIRE 13 89

SECTION 2 *Le bilan de mon entreprise*............... 93

Bilan entreprise 96

Commentaires sur le
bilan entreprise 100

Plan d'action d'entreprise 103

TROISIÈME PARTIE :
L'ENVIRONNEMENT DE L'ENTREPRISE 105

INTRODUCTION 107

SECTION 1 Le micro-environnement de
mon entreprise 109

Analyse de marché
QUESTIONNAIRE 14 110

Analyse de la concurrence
QUESTIONNAIRE 15 117

SECTION 2 Le macro-environnement de
mon entreprise 119

Environnement socio-économique
QUESTIONNAIRE 16 120

Environnement politico-juridique
QUESTIONNAIRE 17 123

Environnement technologique
QUESTIONNAIRE 18 125

SECTION 3 Le bilan du positionnement
de mon entreprise 129

Bilan environnement 132

Commentaires sur le bilan
environnement 135

Plan d'action en regard de
l'environnement de l'entreprise 137

CONCLUSION 139

PLAN D'ACTION GLOBAL 141

BIBLIOGRAPHIE 143

AVANT-PROPOS

«**P**roduire un outil de diagnostic pour les entrepreneurs qui dirigent une micro-entreprise depuis peu. »

Tel fut le mandat confié aux Éditions Pierre Levasseur, par la Fondation de l'Entrepreneurship et la Direction de la promotion de l'entrepreneurship du ministère de l'Industrie, du Commerce et de la Technologie du Québec. Pourquoi ? Parce qu'elles avaient ressenti, depuis déjà un certain temps, le besoin de mettre à la disposition des nouveaux entrepreneurs un outil qui permettrait de faire le point sur leur situation, peu de temps après avoir lancé leur entreprise.

C'est ainsi que l'« outil autodiagnostic » a vu le jour... Par la suite, pour s'assurer qu'il répondait bien aux besoins, le guide a été validé auprès de plusieurs groupes d'entrepreneurs. Ceux-ci ont, à maintes reprises, mentionné avoir particulièrement apprécié que l'autodiagnostic se penche sur l'entrepreneur et son environnement, en plus de faire le diagnostic de l'entreprise.

Parlant de « voir le jour », le présent guide est le premier né de la collection « ENTREPRENDRE », une collection que la Fondation de l'Entrepreneurship et les Publications Transcontinental inc. ont décidé de lancer pour offrir des ouvrages vulgarisés et concrets de nature à répondre aux besoins stratégiques des futurs et nouveaux entrepreneurs.

Pour nous assurer que nous atteignons bien l'objectif fixé, nous incluons dans le présent ouvrage un feuillet vous permettant de nous faire connaître votre évaluation et vos commentaires.

Nous vous serions reconnaissants de le remplir et de nous le retourner, car cela nous permettra de mieux connaître vos besoins et opinions et, lorsque nécessaire, de faire les ajustements requis.

Bonne lecture.

Brigitte Van Coillie-Tremblay
Vice-présidente aux communications
Fondation de l'Entrepreneurship

INTRODUCTION

« **A**UTODIAGNOSTIC » est un outil concret, un guide d'évaluation et un ouvrage de réflexion qui invite l'entrepreneur à faire une « **pause-questionnement** » sur sa situation personnelle, sur l'état de son entreprise et sur les différentes variables qui influencent l'environnement dans lequel l'entreprise évolue.

Nous avons rassemblé dans ce guide les plus importantes questions à vous poser afin de faire ressortir vos principales forces et obstacles pour ainsi, vous permettre d'apporter les améliorations nécessaires à votre entreprise.

Nous avons également tenté d'expliquer le plus simplement possible (au risque parfois de paraître un peu simpliste aux yeux des experts !) les principaux fondements qui caractérisent une saine gestion d'entreprise.

Appuyé par la Fondation de l'Entrepreneurship, nous avons analysé différents cas de nouveaux entrepreneurs qui avouaient que depuis la naissance de leur idée d'affaires, beaucoup d'eau était passée sous le pont. En effet, les trois premières années d'existence d'une entreprise sont des années de tension et de réajustement. Beaucoup de choses doivent être accomplies : rencontre avec l'institution financière, choix du local, mise sur pied du produit ou du service, recrutement du personnel, etc. De plus, la conjoncture économique n'aide pas toujours les petites entreprises à se tailler une place acceptable dans un marché fortement concurrentiel.

Cependant, il est possible de réduire les risques d'échec d'une nouvelle entreprise et ce, dans des proportions considérables, à condition de bien connaître les trois grands éléments interreliés qui constituent la réalité de l'entreprise et qui sont les suivants :

L'entrepreneur — homme ou femme, ses aspirations, ses motivations, ses capacités et ses limites ;

L'entreprise — sa mission, son fonctionnement, sa gestion ;

L'environnement — l'existence d'un marché et la possibilité de l'exploiter avec succès en tenant compte de tous les éléments externes influençant l'entreprise.

« **AUTODIAGNOSTIC** » a été conçu en fonction de ces trois éléments. Il suggère à l'entrepreneur d'en préciser et d'en analyser la nature, par le biais de questionnaires dont le but est de susciter la réflexion chez l'entrepreneur.

Dans le même ordre d'idée, lorsque l'entrepreneur a terminé sa réflexion sur chacune de ces trois parties, il est invité à répondre à un questionnaire synthèse qui lui permet de bâtir tour à tour son **BILAN PERSONNEL**, son **BILAN ENTREPRISE** et son **BILAN ENVIRONNEMENT.** Enfin, l'étape finale consiste à dresser son **BILAN CONSOLIDÉ,** que vous retrouverez dans ce livre sous forme de signet.

Les questionnaires n'ont pas pour but de vous classer dans les doués, les moyens ou les médiocres ; ce sont plutôt des outils de réflexion personnelle. N'oubliez pas qu'il n'existe pas de BONNE ou de MAUVAISE réponse : il n'y a que des réponses personnelles.

14

Vous pouvez à loisir, commencer le livre par la deuxième partie pour finir par la première partie, revenir en arrière, réviser les réponses déjà inscrites et modifier en cours de route votre façon de voir les choses. L'important est de répondre en toute sincérité. Ces réponses pourront vous révéler vos motivations qui vous poussent à rester en affaires, vos objectifs et les correctifs à apporter pour optimiser vos résultats.

Pour certains éléments de « **AUTODIAGNOS-TIC** », il serait intéressant de rechercher la perception que votre propre entourage a de vous (conjoint, ami, collègue, conseiller, etc.) Dans bien des cas, leur opinion pourra vous aider à mieux faire le point.

Enfin, les entrepreneurs qui feront sérieusement leur propre **DIAGNOSTIC** verront leur situation s'améliorer, nous en sommes persuadés. Loin d'être théorique, cet ouvrage constitue un véritable guide pratique dont les solutions proposées peuvent être mises en oeuvre dès la lecture des premières pages.

PREMIÈRE PARTIE

L'ENTREPRENEUR

INTRODUCTION

Cette première partie de « **AUTODIAGNOS-TIC** » vise à vous amener à faire le point sur votre condition d'entrepreneur. Prenez le temps de réfléchir à vous-même, à ce que vous êtes, à la façon dont vous vous sentez, aux orientations que vous voulez prendre.

Monsieur Le Baud, vice-président de la Confédération générale des petites et moyennes entreprises (France), demandait un jour à Harry Oppeinheimer : « Quelle est la clé du succès ? ». Le président de la De Beers répondit : « Bien choisir son père ! », pour ajouter ensuite : « Réflexion faite, c'est plutôt de savoir se juger avec objectivité »*.

En effet, les entrepreneurs efficaces se connaissent bien. Ils ne subissent pas une personnalité qu'ils ignorent, mais utilisent au mieux les qualités et les défauts qui les caractérisent. Ce rayonnement efficace tient en grande partie au fait qu'ils savent dominer leur vie personnelle et lui donner un sens.

Il est bien évident que les questionnaires proposés ne sont ni scientifiques, ni exhaustifs. Néanmoins, ils permettront à l'entrepreneur de mieux connaître ses objectifs, ses motivations, ses forces et ses obstacles. Ceci constitue un premier pas vers la réussite.

Nous tenons à vous rappeler de répondre aux questions en toute objectivité car vos réponses vous serviront à orienter votre réflexion personnelle.

---

* Tiré de Robert Papin, « *Stratégie pour la Création d'Entreprise* », Bordas, Paris, 1982, p. 17.

SECTION 1
LE CONSTAT PERSONNEL

MA VIE D'ENTREPRENEUR

À l'aide de l'échelle suivante, veuillez cocher la réponse qui reflète le mieux votre situation.

QUESTIONNAIRE 1

	COMPLÈTEMENT EN ACCORD	PLUTÔT EN ACCORD	ACCORD PARTIEL	PLUTÔT EN DÉSACCORD	COMPLÈTEMENT EN DÉSACCORD
1. De façon générale, je me sens bien équilibré.		✓			
2. Je suis heureux de ce que j'ai entrepris.		✓			
3. En fin de journée, il me reste encore beaucoup d'énergie.			✓		
4. Je m'occupe de ma santé.		✓			
5. Je fais de l'exercice régulièrement.			✓		
6. Je me sens épaulé et compris.		✓			
7. Je laisse mes problèmes au bureau.			✓		
8. J'ai quelqu'un à qui me confier.	✓				
9. Ma vie sexuelle est aussi satisfaisante qu'avant.		✓			

	COMPLÈTEMENT EN ACCORD	PLUTÔT EN ACCORD	ACCORD PARTIEL	PLUTÔT EN DÉSACCORD	COMPLÈTEMENT EN DÉSACCORD
10. Je suis de près l'éducation de mes enfants.			✓		
11. Je prends le temps de voir mes amis.			✓		
12. J'évite de m'imposer de la pression inutilement.				✓	

COMMENTAIRES

Cette première étape vise à vous faire réfléchir sur le degré de satisfaction que vous ressentez à l'égard de certains aspects de votre vie personnelle : vous, votre santé, vos amis, votre famille, ... Depuis le lancement de votre entreprise, êtes-vous généralement heureux de votre situation ? Comment se portent les relations avec votre entourage ?

Comme nous l'avons souligné précédemment, nul ne peut lancer une entreprise sans que les cordons qui le rattachent à son entourage ne se tendent et sans que sa vie personnelle en général ne s'en trouve modifiée. L'importance des perturbations dépend directement de l'engagement personnel dans l'entreprise. Plusieurs personnes pourront constater un changement notoire dans leurs habitudes alimentaires ou dans leurs activités physiques, et de façon générale dans leur temps de loisirs.

Un des principaux facteurs reliés à ce changement de comportement est une nouvelle répartition de son temps. En effet, l'entrepreneur a généralement tendance à concentrer son énergie et son temps à la direction de son entreprise. Cela va de soi, compte tenu du travail considérable qu'il doit accomplir pour maintenir en vie cette entreprise nouvellement créée.

Or, il faut être conscient qu'une telle situation peut se poursuivre durant deux ou trois années, et que l'entrepreneur ne sera en mesure de redéfinir ses priorités que lorsque son entreprise aura atteint un rythme de croisière acceptable.

En effet, selon une enquête menée en 1986 par Pierre Collerette et Paul G. Aubry du Centre de la PME de l'Université du Québec à Hull, 40 % des entrepreneures et 41 % des entrepreneurs consacrent entre 40 heures et 59 heures par semaine à leur entreprise. Ce qui a certainement nécessité une bonne gestion du temps pour mener de front leur travail et leurs activités familiales et personnelles. Voir, à cet effet, le tableau récapitulatif à la page suivante sur *le temps consacré à l'entreprise en 1986.*

À la présente étape, vous devez vous poser deux grandes questions :

1) Mes priorités sont-elles bien définies, et s'agit-il des bonnes priorités ?

2) Sachant que la situation actuelle risque de durer encore un certain temps, suis-je prêt à l'accepter et à continuer ? Si oui, comment pourrais-je mieux organiser mon emploi du temps ?

En effet, l'entrepreneur doit se dépasser, probablement au prix de nombreux sacrifices, mais jusqu'à une certaine limite qui varie selon chaque individu.

Le temps consacré à l'entreprise en 1986

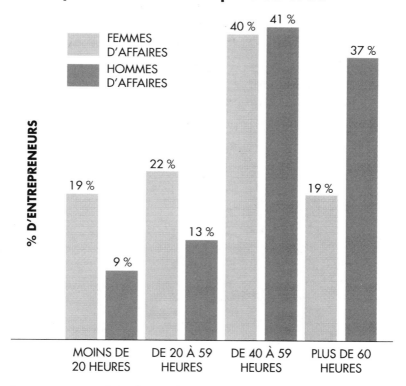

Source : Ministère de l'Industrie, du Commerce et de la Technologie, *Femmes entrepreneures au Québec*, L'entreprise et la femme d'affaires, Le profil de la femme entrepreneure, Feuillet, Gouvernement du Québec, 1989, ressorti de l'ouvrage de Pierre Collerette et Paul G. Aubry, **Femmes et hommes d'affaires qui êtes-vous ? Un portrait des gens d'affaires,** Montréal, Agence d'Arc Inc. (Les éditions) 1988, tableau 4.20, p. 128)

Vous pouvez probablement fournir un minimum d'efforts pour vous consacrer à des activités qui vous tiennent à cœur et qui vous manquent. Une gestion plus efficace de votre temps et de vos priorités pourrait probablement vous aider à mieux vous organiser.

Gardez ceci en mémoire et continuez cet exercice d'introspection. Vous en découvrirez davantage sur vous-même dans les pages qui suivent.

MON CONTRÔLE SUR LA SITUATION

Veuillez maintenant répondre aux questions suivantes en cochant la case appropriée.

QUESTIONNAIRE 2

	OUI	NON	PARFOIS
1. Est-ce que je me tracasse beaucoup?	___	___	___
2. Est-ce que je prends un verre plus souvent qu'avant?	___	___	___
3. Ma consommation de cigarettes a-t-elle considérablement augmenté?	___	___	___
4. Mon poids a-t-il été instable au cours de la dernière année?	___	___	___
5. Est-ce que je trouve très difficile de supporter le stress que je vis actuellement?	___	___	___
6. Ai-je l'impression de tourner en rond?	___	___	___
7. Est-ce que je sens parfois que le contrôle de la situation m'échappe?	___	___	___
8. Est-ce que j'ai peur de prendre des décisions, de ce qui va se passer demain, etc?	___	___	___
9. Est-ce que j'ai de la difficulté à accepter les critiques?	___	___	___
10. Mon travail est-il devenu une obsession?	___	___	___
11. Ma situation financière personnelle s'est-elle affaiblie au point d'avoir du mal à « joindre les deux bouts »?	___	___	___
12. Depuis que je suis en affaires, est-ce que je sens que je me laisse mener par les événements?	___	___	___

COMMENTAIRES

Lancer son entreprise est indéniablement une source profonde de stress. En effet, selon T.H. Holmes et R.H. Rawe*, être propriétaire d'une entreprise occupe le quinzième rang parmi les plus importantes sources de stress dans la vie d'un individu.

Néanmoins, le stress peut être positif ou négatif, tout dépend de la capacité de chaque individu. Ainsi, certaines personnes réagissent bien à la pression alors que pour d'autres, c'est une source d'épuisement. Par exemple, le stress peut permettre aux sportifs de se dépasser, à un individu d'échapper à un danger imminent, ou à un autre de travailler plus efficacement. Il est donc profitable à certaines personnes pour lesquelles c'est une occasion de se dépasser. Pour d'autres, le stress peut être destructeur si elles ne réussissent pas à l'intégrer adéquatement à leur vie.

C'est pour ces raisons que nous avons abordé le questionnaire précédent par le biais du contrôle de la situation. Une mauvaise réaction au stress peut entraîner une augmentation de la consommation de cigarettes ou d'alcool, une perte ou un gain de poids, une certaine angoisse intérieure qui a pour effet de diminuer la confiance en soi, etc. Tous ces facteurs peuvent causer une perte de contrôle sur la situation et, par le fait même, des conséquences négatives pour l'entrepreneur.

Il est normal qu'au cours des premières années d'existence de l'entreprise, une majorité d'entrepreneurs ait répondu « oui » à la plupart des dernières

---

* The Social Readjustment Rating Scale, *Journal of Psychosomatic Research II*, 1967, p. 216

questions. Aussi, ces derniers devraient essayer de diminuer leur anxiété et utiliser leur stress positivement de façon à canaliser leur énergie vers un ou plusieurs objectifs précis pour être en mesure de rester en contrôle de la situation.

J'AGIS OU JE RÉAGIS ?

Afin d'évaluer votre capacité de réaction face aux situations existantes ou susceptibles de survenir, veuillez compléter la grille suivante :

QUESTIONNAIRE 3

	OUI	NON	PARFOIS
1. De façon générale, ai-je la capacité de bien réagir aux situations ?	_____	_____	_____
2. En temps de crise, suis-je capable de réagir ?	_____	_____	_____
3. Suis-je à l'affût des indices d'une crise avant qu'elle ne se produise ?	_____	_____	_____
4. Généralement, est-ce que je prends suffisamment de temps pour analyser une situation avant d'agir ?	_____	_____	_____
5. Est-ce que je réagis plutôt par intuition ?	_____	_____	_____
6. M'arrive-t-il de prendre une décision sans avoir en main toutes les informations ?	_____	_____	_____
7. Est-ce que je préfère régler une foule de petits problèmes plutôt que les gros problèmes ?	_____	_____	_____
8. Est-ce que je me sens à l'aise de demander de l'aide extérieure au besoin ?	_____	_____	_____

COMMENTAIRES

Il existe une différence fondamentale entre l'action et la réaction : *agir*, c'est planifier, analyser et poser des actes, et *réagir*, c'est répondre spontanément à une action extérieure.

Bien que nous passions notre vie tantôt à agir, tantôt à réagir, c'est durant les premières années d'existence de son entreprise que l'entrepreneur, bousculé par le temps et ayant peu d'expérience et d'informations, est amené plus souvent à réagir qu'à agir. Celui-ci est souvent obligé de réagir rapidement à une action extérieure. Il n'a pas le temps nécessaire pour analyser adéquatement la situation et doit se servir de son intuition. En acquérant une plus vaste expérience (3-5 ans) et en apprenant à bien planifier son organisation et ses opérations, l'entrepreneur sera en mesure de mener l'action, plutôt que d'être mené par elle et ce, sans perdre sa capacité de réaction.

L'entrepreneur qui désire planifier son action devrait se garder régulièrement une période de temps (préférablement à l'extérieur de son entreprise), durant laquelle il pourra dresser une liste des priorités et des actions qui doivent être prises. Cette habitude l'aidera tant dans son cheminement personnel que pour l'évolution de son entreprise.

Enfin, tel que recommandé dans l'introduction, et ce pour approfondir la réflexion, vous devriez refaire l'exercice en demandant à une personne de votre entourage de vous évaluer en répondant au questionnaire.

SECTION 2
FORCES ET OBSTACLES

MES HABILETÉS PERSONNELLES

À l'aide de l'échelle suivante, veuillez encercler la lettre qui correspond au degré qualifiant le mieux vos caractéristiques et aptitudes personnelles dans la gestion de votre entreprise.

QUESTIONNAIRE 4

	DEGRÉ D'APTITUDE			
	élevé			faible
	◀			▶
1. Initiative (esprit de décision, enthousiasme)	A	B	C	D
2. Ténacité (tenir bon tant qu'il y a de l'espoir)	A	B	C	D
3. Patience et optimisme	A	B	C	D
4. Capacité de calculer vite et bien	A	B	C	D
5. Forces en organisation et méthode	A	B	C	D
6. Habileté en planification	A	B	C	D
7. Ambition et aptitude à se dépasser	A	B	C	D
8. Ouverture face au changement	A	B	C	D
9. Habileté en communication	A	B	C	D
10. Polyvalence (avoir plusieurs cordes à son arc)	A	B	C	D
11. Discipline	A	B	C	D
12. Créativité	A	B	C	D
13. Qualité de chef (leadership)	A	B	C	D
14. Habileté à la négociation (avec clients, employés, fournisseurs, etc.)	A	B	C	D
15. Dynamisme	A	B	C	D
16. Contrôle	A	B	C	D

COMMENTAIRES

Il existe une grande diversité de profils chez les entrepreneurs qui réussissent. Il n'est donc pas possible de vous proposer une recette qui permettrait de vous dire que vous avez les qualités d'un bon entrepreneur ou vous ne les avez pas. De toute façon, qui pourrait prétendre cumuler toutes les qualités énumérées précédemment ? En revanche, certaines études sur l'entrepreneurship démontrent qu'une des qualités que l'on retrouve chez la majorité des entrepreneurs est **la détermination**, la volonté d'entreprendre tout ce qui est possible dans le but de réussir. Le but de l'exercice qui précède est de tenter de connaître les forces que vous possédez et celles que vous ne possédez pas. L'objectif étant toujours celui de vous permettre de mieux vous connaître, puis de «vous jouer», en tablant sur vos forces et en **recherchant l'aide** d'autres personnes sur vos faiblesses.

Il existe plusieurs moyens pour vous aider à mieux vous connaître et à mieux utiliser vos propres ressources :

- Observation de soi et l'acceptation des observations d'autrui ;
- Amélioration de ses connaissances : formation, cours, conférences, colloques, séminaires de formation personnelle et sociale ;
- Lectures appropriées ;
- Contact avec des associations qui poursuivent les buts cités plus haut.

MON DEGRÉ DE CONNAISSANCES

Toujours à l'aide de la même échelle, veuillez évaluer, en encerclant la réponse appropriée, vos connaissances et vos aptitudes relativement aux différentes grandes fonctions de l'entreprise.

QUESTIONNAIRE 5

	VOTRE NIVEAU DE CONNAISSANCE ACTUEL			
	élevé			faible
1. Administration générale	A	B	C	D
2. Produit service	A	B	C	D
3. Activités de promotion	A	B	C	D
4. Connaissances du secteur (expertise technique)	A	B	C	D
5. Gestion financière	A	B	C	D
6. Comptabilité	A	B	C	D
7. Production	A	B	C	D
8. Vente et distribution	A	B	C	D
9. Service à la clientèle	A	B	C	D
10. Gestion du personnel	A	B	C	D
11. Connaissances de personnes ressources (réseau de contacts)	A	B	C	D

COMMENTAIRES

Pour être en affaires, nul n'a besoin de posséder un niveau de connaissances élevé dans chacune des grandes disciplines des sciences de la gestion ! Il ne s'agit pas d'être « bon » partout. Savoir reconnaître un manque de connaissances pour une activité quelconque de votre entreprise, vous aidera probablement à comprendre pourquoi vous éprouvez certaines difficultés à bien organiser et à bien gérer un département donné.

Si vous manquez de connaissances sur l'une (ou sur plusieurs) des fonctions vitales de votre entreprise (finance, marketing, ressources humaines, ...), plusieurs solutions vous sont offertes pour vous rendre moins vulnérable.

- Suivre des cours ou des séminaires. Il existe plusieurs organismes qui vous aideront à parfaire vos connaissances dans un domaine précis par des cours de courte durée.
- S'adjoindre des partenaires, collègues ou employés, ou toute autre personne ayant des connaissances complémentaires aux vôtres. Ainsi, chacun pourra mettre ses connaissances à profit et du même coup chaque fonction de l'entreprise sera mieux contrôlée.
- Faire affaires avec des conseillers extérieurs qui sauront vous aider dans plusieurs domaines. Parfois, dites-vous qu'il vaut mieux dépenser 500 $ et faire une bonne affaire, que d'en laisser passer une sous prétexte de ne pas avoir les connaissances suffisantes.
- Utiliser les conseils et les sources d'informations gratuites. En effet, plusieurs entrepreneurs, comptables, banquiers, professeurs ou fonctionnaires sont prêts à renseigner et épauler le dirigeant d'une micro-entreprise.

SECTION 3
MON BILAN PERSONNEL

Votre rôle consiste maintenant à faire la synthèse des cinq questionnaires précédents, soit de la dimension ENTREPRENEUR.

Pour ce faire, nous traiterons dans le prochain questionnaire chacun des thèmes abordés jusqu'ici. Les résultats vous permettront de faire votre **BILAN PERSONNEL** puis de reporter les résultats obtenus au **BILAN CONSOLIDÉ** (encart). En effet, le bilan consolidé vous permettra de faire le constat des trois aspects importants de votre vie d'entrepreneur : vous, votre entreprise et son environnement.

EXPLICATIONS

- En vous référant aux réponses que vous avez données aux questionnaires précédents, veuillez répondre aux prochaines questions en encerclant le chiffre correspondant le mieux à votre situation.
- Multipliez ensuite chaque valeur encerclée, par le facteur de pondération correspondant et inscrivez le résultat obtenu dans la colonne appropriée. Si le résultat est positif, inscrivez-le dans la colonne ACTIF, et s'il est négatif, inscrivez-le dans la colonne PASSIF.
- À noter que le facteur multiplicateur diffère selon la question qui est posée compte tenu de l'importance du thème abordé.
- Quand vous aurez terminé l'exercice, additionnez toutes les valeurs de la colonne ACTIF et inscrivez le total obtenu à deux endroits : la case TOTAL ACTIF en page 45 ainsi qu'à l'élément Forces personnelles du BILAN CONSOLIDÉ.
- Additionnez toutes les valeurs de la colonne PASSIF et inscrivez le total obtenu à deux endroits : à la case TOTAL PASSIF en page 45 ainsi qu'à l'élément Faiblesses personnelles du BILAN CONSOLIDÉ.

40

- Enfin, soustrayez de la valeur inscrite à la ligne Forces personnelles, celle inscrite à la ligne Faiblesses personnelles du BILAN CONSOLIDÉ et reportez le total à l'élément Avoir personnel dans la partie Avoir des actionnaires du BILAN CONSOLIDÉ.

AVOIR PERSONNEL	=	FORCES PERSONNELLES	−	FAIBLESSES PERSONNELLES

EXEMPLE

	COMPLÈTEMENT EN DÉSACCORD	COMPLÈTEMENT EN ACCORD	FACTEUR DE PONDÉRATION	ACTIF	PASSIF
CONSTAT PERSONNEL					
1. De façon générale, depuis que j'ai lancé ma propre entreprise, je me sens en harmonie avec moi-même.	−2 −1 ⓪ +1 +2		× 3		
2. De façon générale, depuis que j'ai lancé ma propre entreprise, j'ai des relations satisfaisantes avec ma famille et mon entourage (amis, connaissances, ...).	−2 ⊝ 0 +1 +2		× 2		−2
TOTAL ACTIF					
TOTAL PASSIF					−2

BILAN PERSONNEL

CONSTAT PERSONNEL	COMPLÈTEMENT EN DÉSACCORD / COMPLÈTEMENT EN ACCORD	FACTEUR DE PONDÉRATION	ACTIF	PASSIF
De façon générale, depuis que j'ai lancé ma propre entreprise ...				
1. ... je me sens en harmonie avec moi-même.	−2 −1 0 +1 +2	× 3	__	__
2. ... j'ai des relations satisfaisantes avec ma famille et mon entourage (amis, connaissances, ...)	−2 −1 0 +1 +2	× 2	__	__
3. ... ma santé est aussi bonne qu'avant.	−2 −1 0 +1 +2	× 3	__	__
4. ... ma situation financière personnelle est satisfaisante pour moi.	−2 −1 0 +1 +2	× 2	__	__
5. ... je suis capable de réagir par intuition.	−2 −1 0 +1 +2	× 1	__	__
6. ... je suis capable d'analyser une situation en tenant compte des facteurs qui entrent dans ma prise de décision.	−2 −1 0 +1 +2	× 1	__	__
TOTAL				

FORCES ET OBSTACLES	COMPLÈTEMENT EN DÉSACCORD	COMPLÈTEMENT EN ACCORD	FACTEUR DE PONDÉRATION	ACTIF	PASSIF
7. La DÉTERMINATION constitue une base de succès en affaires. Je suis du genre à passer outre les petits tracas quotidiens, car je suis bien décidé à gagner.	−2 −1 0 +1 +2		× 4	__	__
8. Savoir bien COMMUNIQUER est indispensable à toute personne qui est en affaires. Je suis du genre qui communique bien, tant avec mes fournisseurs, que mes clients, mon banquier et mes employés.	−2 −1 0 +1 +2		× 2	__	__
9. La DÉBROUILLARDISE est un élément essentiel pour l'entrepreneur. J'ai à maintes reprises depuis que je suis à mon compte, fait preuve d'initiative et de créativité et trouvé des nouvelles idées pour développer mon marché.	−2 −1 0 +1 +2		× 2	__	__

	COMPLÈTEMENT EN DÉSACCORD		COMPLÈTEMENT EN ACCORD	FACTEUR DE PONDÉRATION	ACTIF	PASSIF
10. Vos HABILETÉS À partir du questionnaire 4 de la page 34, veuillez indiquer si chaque élément constitue dans votre cas une force ou un obstacle à franchir. Pour chaque force, donnez une pondération de +0,5 et pour chaque obstacle donnez une pondération de –0,5.						
• Initiative	–0,5	0	+0,5	× 1	___	___
• Ténacité	–0,5	0	+0,5	× 1	___	___
• Patience et optimisme	–0,5	0	+0,5	× 1	___	___
• Capacité de calculer vite et bien	–0,5	0	+0,5	× 1	___	___
• Organisation et méthode	–0,5	0	+0,5	× 1	___	___
• Planification	–0,5	0	+0,5	× 1	___	___
• Ambition et aptitude à se dépasser	–0,5	0	+0,5	× 1	___	___
• Ouverture face au changement	–0,5	0	+0,5	× 1	___	___
• Communication	–0,5	0	+0,5	× 1	___	___
• Polyvalence	–0,5	0	+0,5	× 1	___	___
• Discipline	–0,5	0	+0,5	× 1	___	___
• Créativité	–0,5	0	+0,5	× 1	___	___
• Qualités de chef	–0,5	0	+0,5	× 1	___	___
• Négociation	–0,5	0	+0,5	× 1	___	___
• Dynamisme	–0,5	0	+0,5	× 1	___	___
• Contrôle	–0,5	0	+0,5	× 1	___	___

	COMPLÈTEMENT EN DÉSACCORD	COMPLÈTEMENT EN ACCORD	FACTEUR DE PONDÉRATION	ACTIF	PASSIF
11. Vos CONNAISSANCES À partir du questionnaire 5 de la page 36, veuillez indiquer sur l'échelle ci-contre, la valeur que vous accordez à votre degré de connaissances et d'expérience **EN GÉNÉRAL** qui vous permettent de diriger votre entreprise avec succès.	−2 −1 0 +1 +2		× 4	__	__
TOTAL					

EXAMEN GÉNÉRAL DE LA SITUATION

De façon générale ...

12. ... je juge avoir pris la bonne décision (soit d'avoir lancé ma propre entreprise) et je me sens heureux de mon statut.	−2 −1 0 +1 +2		× 3	__	__
13. ... j'estime avoir la motivation suffisante pour poursuivre ma route vers le succès.	−2 −1 0 +1 +2		× 3	__	__
TOTAL					
TOTAL ACTIF					
TOTAL PASSIF					

COMMENTAIRES
SUR LE BILAN PERSONNEL

L'ensemble des questionnaires de synthèse de la section 3 qui compose votre BILAN PERSONNEL est un résumé de votre situation d'entrepreneur. Le pointage maximum que l'on peut obtenir à cette portion de l'**AUTODIAGNOSTIC**, est de 68 points.

Il est peu probable que vous ayez accumulé ce pointage, car personne ne peut prétendre avoir toutes les qualités et connaissances, tout en manifestant les comportements idéaux. Cependant, le total des points que vous avez obtenu vous donne un aperçu de votre situation personnelle. Il s'agit d'une *indication* sur vos forces et sur les obstacles à franchir.

Ce document n'a pas pour objectif de porter un jugement de valeur sur les entrepreneurs qui le complètent. Ce qu'il faut retenir de la compilation de votre BILAN PERSONNEL, c'est que plus votre AVOIR PERSONNEL est élevé, plus votre situation d'entrepreneur devrait être satisfaisante.

Plus précisément, nous avons accordé les pointages suivants pour chaque composante de votre BILAN PERSONNEL :

POINTAGE MAXIMUM		VOTRE POINTAGE
Constat personnel (questions 1 à 6)	24 points	_____ points
Forces et obstacles (questions 7 à 11)	32 points	_____ points
Examen de la situation (questions 12 et 13)	12 points	_____ points
TOTAL	68 POINTS	_____ POINTS

Pour vous permettre d'approfondir l'analyse de votre situation personnelle, nous vous invitons à répartir le pointage total que vous avez obtenu selon le tableau ci-dessus.

L'analyse des résultats étant particulière à chaque entrepreneur, il n'est pas possible de les commenter. En effet, votre situation personnelle peut vous satisfaire pleinement alors que cette même situation serait indésirable pour d'autres.

Nous vous conseillons vivement de remplir à la page suivante le tableau « **Le plan d'action personnel** », en énumérant vos forces et les obstacles à franchir et en indiquant pour chacun d'eux, les actions qui, à votre avis, s'imposent.

Si vous avez de la difficulté à déterminer clairement ces actions à entreprendre, n'hésitez pas à rencontrer une personne ressource susceptible de vous aider.

Cette première partie de « **AUTODIAGNOSTIC** » étant remplie, nous vous invitons à entreprendre la deuxième partie qui portera sur le diagnostic de votre entreprise. Cette dernière devra vous permettre d'en

47

évaluer la santé et d'apporter les mesures correctrices que vous jugerez appropriées. Notons qu'il est possible qu'après avoir rempli votre BILAN ENTREPRISE vous trouviez réponse à certaines interrogations que vous avez pu avoir jusqu'ici.

PLAN D'ACTION PERSONNEL

POINTS À AMÉLIORER	ACTIONS PRIORITAIRES

DEUXIÈME PARTIE

L'ENTREPRISE

INTRODUCTION

Comment se porte votre entreprise ? Savez-vous si vous faites des profits et de quel ordre ? Avez-vous de la difficulté avec la commercialisation de vos produits ou services ? Avez-vous de bons employés ? Qu'est-ce qui peut menacer ou avantager votre entreprise ?

Voilà quelques-unes des questions que vous serez invité à considérer dans cette seconde partie. Celle-ci vise à vous aider à réaliser, étape par étape, le *diagnostic de votre entreprise* sous ses diverses facettes.

LES FONCTIONS VITALES DE MON ENTREPRISE

LA MISSION

Veuillez répondre aux questions suivantes.

QUESTIONNAIRE 6

1. Quelle est la mission de mon entreprise ? (Conseiller les petites entreprises pour leur comptabilité, améliorer la condition physique des gens, produire de bonnes confitures, ...)

2. Quels sont mes objectifs personnels ? (Gagner beaucoup d'argent, me réaliser, être indépendant, ...)

3. Mes objectifs personnels et la mission de mon entreprise sont-ils compatibles ?

_____

_____

4. Est-ce que je discute régulièrement avec mes employés ou associés de la mission de l'entreprise et de mes objectifs personnels?

_____

_____

_____

_____

_____

5. Quels sont mes objectifs pour cette année? Sont-ils précis et réalistes?

_____

_____

_____

_____

6. Comment j'imagine mon entreprise dans cinq ans?

_____

_____

_____

_____

_____

7. Suis-je satisfait de la taille (nombre d'employés ou chiffre d'affaires) qu'a atteint mon entreprise et est-ce que je désire la maintenir à ce niveau ? Si oui, j'explique pourquoi je ne favorise pas un plus haut degré de croissance pour mon entreprise.

_____

_____

_____

_____

_____

8. Mon plan d'affaires est-il établi sur une longue période ? Quelles sont mes préoccupations à court terme (12 mois) et celles à long terme (3-5 ans) ?

_____

_____

_____

_____

9. Je sais que toute entreprise a un cycle de vie :
   • pré-lancement
   • lancement
   • croissance
   • maturité
   • déclin/relance

   À quel étape se situe mon entreprise ?

_____

_____

_____

COMMENTAIRES

En affaires, il est important d'avoir une vision de ce que l'on veut réaliser ; c'est la mission de l'entreprise. Il faut aussi savoir comment on veut le réaliser, ce qui implique une planification ou plan d'action.

La mission de votre entreprise tient essentiellement dans la réponse à la question suivante : Quelle est sa vocation, sa raison d'être ? Cette question qui peut paraître banale est pourtant vitale ! En effet, la définition du type d'affaires d'une entreprise lui confère le caractère propre qui la distingue de ses concurrents et dicte toutes ses stratégies (compte tenu des conditions du marché). Ainsi, une mission claire constitue un guide pour l'orientation de l'entreprise. À l'inverse, une mission vague est de nature à favoriser l'éparpillement d'activités et d'énergie.

Par ailleurs, il est fondamental que la mission de votre entreprise soit compatible avec vos objectifs personnels. Il importe également d'en discuter régulièrement avec vos employés ou associés afin que tous aient le même objectif.

Le plan d'action, du fait qu'il vous amène à prévoir les étapes de réalisation, les moyens à mettre en place ainsi que les embûches susceptibles de se présenter, vous orientent vers ce que vous aurez à réaliser. Par contre, il y a peu de chances que ce que vous avez prévu se réalise exactement comme vous l'aviez prévu. En ce sens, votre planification est plus un point de repère qu'un cadre rigide de fonctionnement.

LES FINANCES

A – MA SITUATION FINANCIÈRE

Répondez par oui ou non aux questions suivantes.

QUESTIONNAIRE 7

	OUI	NON
1. Connaissez-vous bien la situation financière de votre entreprise ?	___	___
2. Savez-vous quel est le solde de votre compte de banque à ce jour ?	___	___
3. Connaissez-vous le montant de vos comptes à recevoir ? Y a-t-il des comptes en souffrances ?	___	___
4. Vos inventaires vous ont-ils permis de satisfaire la demande durant la dernière année ?	___	___
5. Bénéficiez-vous de termes avantageux de la part de vos fournisseurs ?	___	___
6. Les bénéfices accumulés de votre entreprise sont-ils suffisants ?	___	___
7. Respectez-vous les délais de paiement que vous accordent vos fournisseurs ?	___	___
8. Respectez-vous vos échéances (loyer, automobiles, prêts ...) ?	___	___
9. Vous versez-vous un salaire de façon régulière ?	___	___
10. Votre protection en assurances couvre-t-elle la valeur de votre entreprise ?	___	___

COMMENTAIRES

La question 1 vous amène à évaluer globalement votre situation, alors que les six suivantes portent sur des aspects particuliers de celle-ci. En fait, toutes ces questions ont trait à votre situation financière.

Pour avoir un meilleur contrôle sur vos finances et éviter les mauvaises surprises, vous devez pouvoir maîtriser vos informations financières de base.

La vérification régulière du solde de votre compte de banque vous permet une meilleure gestion de votre encaisse. Le fait que vos comptes à recevoir augmentent, devrait sonner l'alarme et vous indiquer que c'est le moment d'accorder plus de temps à la perception.

Parallèlement, si vous accumulez vos comptes à payer, vous risquez de réduire votre marge de profits en payant inutilement des intérêts. Forgez-vous une bonne réputation en étant à jour dans les échéances de vos paiements mensuels.

Être régulièrement en rupture de stock devrait également vous inciter à revoir vos procédures d'achat ou de production dans le but de perdre le moins de ventes possible. Par ailleurs, les termes de paiement que vous offrent vos fournisseurs ne sont peut-être pas adaptés à votre situation financière.

Par ailleurs, il est possible qu'après un an, vous ne puissiez vous verser un salaire à la hauteur de vos attentes. C'est le cas d'un bon nombre de nouveaux entrepreneurs. Par contre, cette situation ne devrait pas s'éterniser. L'entreprise devrait atteindre un certain niveau de revenus vous permettant de prélever des sommes d'argent suffisantes pour que vous puissiez subvenir adéquatement à vos besoins personnels.

Enfin, l'un des aspects les plus révélateurs de la santé financière de votre entreprise est l'état de son fonds de roulement. Pour calculer le ratio du fonds de roulement, il suffit de faire l'opération suivante :

$$\frac{\text{ACTIF À COURT TERME}}{\text{PASSIF À COURT TERME}} = \underline{\hspace{5cm}}$$

Selon certains experts financiers, l'équilibre parfait du fonds de roulement est atteint lorsque l'actif à court terme (encaisse + inventaire + comptes à recevoir) est au moins **deux fois supérieur** au passif à court terme (marge de crédit + comptes à payer + obligations à court terme). Malheureusement, il n'existe pas de règle infaillible en la matière. Par contre, il serait prudent, surtout dans le cas d'une entreprise naissante, d'essayer de maintenir un coefficient de fonds de roulement de cet ordre. De plus, il est important de le comparer avec les indices de performance de votre secteur d'activité. Pour ce faire, consultez les statistiques sectorielles auprès des Groupes de soutien aux jeunes entrepreneurs ainsi que de votre direction régionale du Ministère de l'Industrie, du Commerce et de la Technologie.

Dans le calcul du ratio du fonds de roulement, les **inventaires**, qui font partie de l'actif à court terme, peuvent être défavorables à l'entreprise. Il existe donc un **autre ratio financier** pour mesurer votre capacité à faire face aux obligations courantes, soit **le ratio de liquidité ou de trésorerie**.

$$\frac{\text{ENCAISSE + COMPTES À RECEVOIR}}{\text{PASSIF À COURT TERME}} = \underline{\hspace{4cm}} = \underline{\hspace{2cm}} \text{ fois}$$

De façon générale, on estime que ce ratio devrait être égal à 1,5 fois, c'est-à-dire que l'actif à court terme (excluant les inventaires) est de 1,5 fois supérieur aux obligations à court terme. Évidemment, ce n'est pas une règle absolue et nous vous invitons à vous renseigner afin de déterminer quel ratio considérer. Ce dernier dépend de différents facteurs, entre autres, le secteur d'activité, le volume des ventes, l'efficacité de la perception des comptes à recevoir, etc.

Si votre entreprise n'a pas atteint un niveau idéal de liquidités, vous pouvez redresser la situation en corrigeant les points suivants :

a) investissement dans des inventaires à rotation trop lente ;

b) immobilisations à même le fonds de roulement ;

c) perte d'opération constante ;

d) perte inhabituelle (vol, fraude, ...) ;

e) insuffisance de capitaux.

B – RELATION AVEC MON INSTITUTION FINANCIÈRE

Répondez aux questions suivantes.

QUESTIONNAIRE 8

	OUI	NON
1. Entretenez-vous de bonnes relations avec le responsable de votre institution financière ?	___	___
2. Votre institution financière vous a-t-elle déjà retourné un chèque sans provision ou vous a-t-elle retiré votre marge de crédit ?	___	___
3. Avez-vous le financement nécessaire pour faire fonctionner votre entreprise ?	___	___
4. Votre institution financière donne-t-elle de bonnes références à vos fournisseurs ?	___	___
5. Disposez-vous d'un coussin financier ou d'une source de fonds quelconque, au cas où vous auriez un besoin additionnel d'argent ?	___	___
6. Si vous aviez besoin d'un prêt temporaire, le responsable de votre institution financière vous l'accorderait-il rapidement ?	___	___
7. Le taux d'intérêt sur vos prêts est-il raisonnable et comparable à ceux offerts par d'autres institutions financières ?	___	___
8. Pouvez-vous compter sur le soutien du responsable de votre institution financière ?	___	___

COMMENTAIRES

On associe souvent l'institution financière à la difficulté d'obtenir les fonds pour son entreprise. Malheureusement, on oublie souvent qu'elle peut aussi être une source importante d'informations et de conseils.

Les relations que l'entrepreneur entretient par exemple avec le responsable du crédit de son institution financière sont importantes, et il est bon de ne pas attendre d'avoir besoin d'un prêt pour l'informer de vos résultats et de votre plan d'action.

En effet, s'il connaît bien les aspects de votre entreprise, il vous sera plus facile de transiger avec lui. De plus, il peut être celui qui vous informera d'une bonne occasion d'affaires, qui vous recrutera de nouveaux clients, qui vous mettra en relation avec de nouveaux fournisseurs, ou qui vous aidera, au besoin, à vendre votre entreprise.

UN POINT IMPORTANT À SOULIGNER :
N'oubliez pas que, si votre institution financière ne répond pas à vos attentes ou que s'il vous est difficile de communiquer avec son personnel, il existe d'autres institutions financières qui seront prêtes à vous venir en aide.

C – MON SYSTÈME D'INFORMATIONS COMPTABLES ET FINANCIÈRES

Répondez par oui ou non aux questions suivantes.

QUESTIONNAIRE 9

	OUI	NON
1. Avez-vous un système d'informations comptables qui répond à vos besoins ?	____	____
2. Êtes-vous capable d'analyser seul vos résultats ?	____	____
3. Êtes-vous en relation avec une personne compétente pour vous aider à analyser vos résultats ?	____	____
4. Voyez-vous ou communiquez-vous souvent avec votre comptable ? (Si vous en avez un.)	____	____
5. Votre date de fin d'année est-elle adaptée au secteur d'activité dans lequel vous œuvrez ?	____	____
6. Votre comptable connaît-il bien le responsable de votre institution financière et pourrait-il vous aider à obtenir un prêt ?	____	____
7. Votre système comptable vous permet-il de connaître vos résultats mensuellement ?	____	____
8. Votre comptable connaît-il bien votre domaine ?	____	____
9. Votre système comptable vous permet-il de savoir si vous faites des profits ?	____	____

COMMENTAIRES

Si, à la lumière du questionnaire, vous constater que vous possédez toutes les informations comptables et financières requises pour l'analyse et la prise de décision, vous êtes sur la bonne voie.

Si votre constat n'est pas aussi positif, les paragraphes qui suivent peuvent vous fournir des renseignements utiles.

Un bon système comptable sert surtout à trois choses :

• suivre l'évolution financière de votre entreprise ;
• déterminer son niveau de rentabilité ;
• fournir des indices d'aspects à surveiller, soit pour les corriger ou pour en tirer meilleur parti.

On omet souvent ce dernier aspect. Or, il est stratégique. Si vous savez les déceler, ces indices peuvent être aussi indicatifs de ce que vous avez à faire que les premières gouttes de pluie sont le signe qu'il est temps de vous mettre à l'abri.

Dans la section portant sur votre situation financière, deux indices essentiels ont été identifiés : le ratio de fonds de roulement et le ratio de liquidité. Ces deux ratios vous indiquent votre capacité à faire face à vos obligations financières courantes ou immédiates.

D'autres ratios peuvent vous aider à mesurer l'efficacité de certaines activités régulières, comme le délai moyen de recouvrement des comptes-clients, le délai moyen des comptes à payer et le taux de rotation des stocks.

Le délai moyen de recouvrement des comptes-clients :

1) $\dfrac{\text{Ventes nettes*}}{365 \text{ jours/an}}$ = ventes moyennes/jour

2) $\dfrac{\text{Comptes-client}}{\text{ventes moyennes/jour}}$ = le délai en jours

Le délai moyen des comptes à payer :

1) $\dfrac{\text{Coût des ventes}}{365 \text{ jours/an}}$ = coût moyen des ventes/jour

2) $\dfrac{\text{Comptes fournisseurs}}{\text{coût moyen des ventes/jour}}$ = délai moyen en jours

Le taux de rotation des stocks :

1) $\dfrac{\text{Stock (début de l'an)} + \text{stock (fin)}}{2}$ = stock moyen**

2) $\dfrac{\text{Coût des marchandises vendues (C.M.V.)}}{\text{stock moyen**}}$ = le taux de rotation (en fois)

Au sujet du dernier ratio, il est important de se rappeler qu'une fréquence de rotation des stocks élevée avantage votre entreprise. Cela signifie que vous êtes capable de fonctionner en ayant seulement une portion réduite de votre actif investie dans vos inventaires. Ici aussi, vous avez avantage à comparer votre taux à celui de votre secteur.

---

* Chiffre des ventes d'un exercice moins les rendus, rabais et escomptes de caisse.

** Pour une *entreprise commerciale* : chiffre égal au stock initial de marchandises plus les achats de l'exercice et moins le stock final de marchandises.

Pour une entreprise industrielle : chiffre égal au stock initial de produits finis plus le coût des produits fabriqués durant l'exercice et moins le stock final de produits finis.

Si vous n'avez pas la compétence suffisante pour bien analyser vos résultats, ou si vous ne désirez pas investir de temps dans cette tâche, adressez-vous à une personne compétente dans le domaine. Voyez un comptable (ou un analyste financier) qui sera en mesure de suivre régulièrement l'évolution de vos résultats et précisez vos besoins en matière d'information comptable et financière. Pour choisir ce spécialiste, il convient d'accorder une plus grande importance à sa compétence et à sa disponibilité, qu'à la notoriété de son cabinet. Certains comptables débordés n'accordent pas suffisamment de temps à leur client qui a généralement besoin d'attention, de conseils et d'informations tant financières, juridiques que fiscales.

L'argument de plusieurs entrepreneurs qui ne font pas appel à un comptable est souvent de dire qu'ils n'ont pas les moyens de lui payer ses honoraires professionnels. Il vous est fortement conseillé de contacter différentes firmes de comptables et de vous renseigner sur les tarifs, ce qui vous permettra de choisir celle qui répondra le mieux à vos besoins. Les services que peut vous rendre un tel spécialiste, malgré le prix exigé, pourront dans bien des cas vous permettre de récupérer de l'argent d'une autre façon (meilleur contrôle des dépenses, économies sur le plan fiscal, etc.).

Par contre, si vous estimez que votre comptable vous coûte beaucoup plus qu'il ne vous rapporte, si vous ne le comprenez pas, si, en un mot, il ne vous satisfait pas, adressez-vous à un autre spécialiste qui répondra mieux à vos besoins.

Pour conclure sur le chapitre financier, dites-vous que la mise sur pied de votre système comptable et financier ainsi que les informations qui s'en dégagent doivent :

- être d'un coût raisonnable ;
- être adapté à vos besoins ;
- vous fournir l'information la plus pertinente pour que vous puissiez prendre les décisions les plus éclairées possible.

Et souvenez-vous, qu'il y a au moins deux personnes auxquelles vous ne devez jamais cacher la vérité : vous-même et votre conseiller financier.

LA RENTABILITÉ

Répondez aux questions suivantes.

QUESTIONNAIRE 10

	OUI	NON
1. Savez-vous quelle est la ligne de produits ou le type de service de votre entreprise qui vous rapporte le plus ?	___	___
2. Savez-vous quels sont les clients qui vous payent le plus rapidement et qui vous rapportent le plus ?	___	___
3. Savez-vous à partir de quel niveau de revenus vous commencez à faire de l'argent (point mort, seuil de rentabilité) ?	___	___
4. Contrôlez-vous vos dépenses en conformité avec vos budgets ?	___	___
5. La façon la plus rationnelle d'augmenter votre rentabilité est-elle d'augmenter vos ventes ?	___	___
6. Êtes-vous en mesure de diminuer certaines dépenses ?	___	___
7. Vos ventes reposent-elles sur un client majeur ?	___	___
8. Avez-vous des inventaires morts ou désuets ?	___	___
9. Avez-vous des comptes à recevoir en souffrance depuis un bon moment ?	___	___
10. Connaissez-vous les principaux indices de performance dans votre secteur ?	___	___
11. Vous comparez-vous avantageusement à la moyenne de performance de votre secteur ?	___	___
12. Avez-vous des mois plus difficiles dans l'année ?	___	___
13. Savez-vous ce que ça vous coûte pour produire davantage ou accroître vos services ?	___	___

	OUI	NON
14. Vous êtes-vous fixé des objectifs de rentabilité (d'ici 2 ans par exemple) ?	____	____
15. Avez-vous établi des contrôles contre le vol et les pertes ?	____	____
16. Avez-vous instauré dans votre entreprise des critères de gestion globale de qualité ?	____	____
17. Connaissez-vous votre rendement sur le capital que vous avez investi dans votre entreprise ?	____	____
18. Vos frais reportés et vos frais payés d'avance sont-ils comptabilisés dans vos livres ?	____	____
19. Êtes-vous habile à jouer avec vos prix pour augmenter vos ventes ?	____	____
20. Retirez-vous un salaire qui vous semble suffisant ?	____	____
21. Avez-vous une assurance pour interruption des affaires ?	____	____

COMMENTAIRES

L'objectif commun des entrepreneurs est : FAIRE DE L'ARGENT. Cela vous semble évident. Pourtant plusieurs entrepreneurs ont eu la surprise de découvrir que, malgré les apparences, ils ne font pas d'argent. Il existe des techniques simples pour vérifier la rentabilité d'une entreprise. L'une d'entre elles est le calcul du rendement sur le capital investi :

$$\frac{PROFIT}{CAPITAL\ INVESTI^*} = RENDEMENT$$

*CAPITAL INVESTI : Mise de fonds + dette à long terme

Nous vous proposons de faire cet exercice simple en déterminant le rendement de votre entreprise par le calcul de ce ratio.

$$\frac{\text{VOTRE PROFIT}}{\text{VOTRE INVESTISSEMENT}} = \frac{\text{\_\_\_\_\$}}{\text{\_\_\_\_\$}} = \text{\_\_\_\_\%} = \frac{\text{VOTRE}}{\text{RENDEMENT}}$$

L'entreprise qui a atteint un certain rythme de croisière devrait normalement procurer à son dirigeant un rendement au moins 3 fois supérieur à un taux de placement bancaire. Cependant, il est peu probable que les entreprises qui n'ont qu'une ou deux années d'existence procurent un tel rendement. Dans certains cas, ces entreprises ne réalisent pas encore de profits. Ainsi, les nouveaux entrepreneurs devraient se fixer un objectif de rentabilité pour les années à venir.

Une autre façon de mesurer votre rendement est de déterminer votre seuil de rentabilité, c'est-à-dire le niveau de ventes où l'entreprise ne réalise ni bénéfice, ni perte.

Le seuil de rentabilité se calcule selon la formule suivante :

$$V = \frac{FF}{1 - (FV/VT)}$$

où V = chiffre de ventes au seuil de
rentabilité
FF = frais fixes
FV = frais variables
VT = ventes totales de l'exercice

Exemple : Supposons qu'une entreprise prévoie les résultats suivants selon son état des résultats de la première année :

Frais fixes   =   70 000 $
Frais variables =   63 000 $
Ventes totales = 140 000 $

Le seuil de rentabilité serait le suivant :

$$V = \frac{FF}{1 - (FV/VT)} = \frac{70\ 000\ \$}{1 - (63\ 000\ \$ / 140\ 000\ \$)} = 127\ 273\ \$$$

Il est important de noter que le seuil de rentabilité compare les coûts aux ventes selon une formule mathématique qui n'est pas une simple addition. Ainsi, dans l'exemple ci-dessus, vous remarquez que l'addition des coûts est de 133 000 $ (70 000 $ + 63 000 $), alors que le seuil de rentabilité est de 127 273 $.

Il existe également deux autres ratios qui peuvent vous aider à identifier le produit ou service de votre entreprise qui vous rapporte le plus, ainsi que votre meilleur client. En effet, il n'est pas rare qu'un entrepreneur ait la surprise de constater en faisant de tels ratios, que le produit ou le service le plus rentable n'est pas celui qu'il croit, et qu'il doive rajuster sa stratégie de promotion selon ce constat.

$$\frac{\text{Ventes du meilleur produit ou service}}{\text{ventes totales}} = \frac{\text{ratio de vente du}}{\text{meilleur produit}}$$

$$\frac{\text{Ventes au meilleur client}}{\text{ventes totales}} = \frac{\text{ratio des ventes}}{\text{au meilleur client}}$$

Par ailleurs, ces deux ratios peuvent être utiles pour vous indiquer des voies de croissance pour votre entreprise. En outre, si vous découvrez qu'un client représente à lui seul une partie importante de votre volume de vente, mettez tout en œuvre afin d'éviter que la survie de votre entreprise dépende de la fidélité de ce client.

Il y a aussi les frais reportés et les frais payés d'avance qui sont une façon comptable d'imputer des dépenses à la pleine période où elles s'appliquent, plutôt que de les imputer à la période où elles ont été réellement acquittées.

Grâce à une analyse approfondie de l'état de vos résultats et à une comparaison avec les indices de performance de votre secteur, vous pourrez prendre les mesures qui s'imposent pour accroître vos bénéfices. Toutefois, certains devront diminuer leurs dépenses, alors que d'autres devront encourir des dépenses additionnelles pour accroître leurs ventes. Enfin, d'autres devront accroître les contrôles.

Par exemple, dans certains cas, dépenser 1 000 $ pour une promotion spéciale peut accroître les ventes. Dans d'autres, une analyse des dépenses leur permettra de diminuer leurs frais de livraison, leurs coûts de papeterie, etc., ce qui aura un impact positif sur leur bénéfice. Enfin, l'entrepreneur doit aussi considérer l'impact des vols et fraudes sur sa rentabilité, car il ne s'agit pas de choses qui n'arrivent qu'aux autres.

NE PAS OUBLIER
On a trop souvent tendance à évaluer le succès d'une entreprise par l'importance de son chiffre d'affaires, alors que le seul facteur qui définit ce **succès** est ce qui reste à la ligne d'en bas !, soit le profit net.

LE MARKETING

Marketing, un grand mot qui intimide plus d'un entrepreneur. Ils y voient une source de dépenses dont les résultats ne sont pas toujours prévisibles ou encore une réalité tellement complexe qu'il doit faire appel à un spécialiste.

Le marketing n'est pourtant pas compliqué, c'est plutôt une question de bon sens en trois étapes.

- *La précision du produit ou du service*, un exercice que vous avez déjà fait, mais que vous devez refaire très régulièrement.
- *La détermination du marché-cible* sur laquelle vous vous interrogerez à la 3e partie portant sur l'environnement.
- *La stratégie de mise en marché*, à laquelle le prochain questionnaire accorde une forte place aux sections : prix, localisation, promotion et service à la clientèle.

Si votre entreprise est petite, vous pouvez réaliser vous-même toutes ou presque toutes les étapes ci-dessus par l'observation, l'analyse ou le calcul. En effet, selon les experts, les longues et coûteuses études en marketing sont et doivent être des exceptions.

QUESTIONNAIRE 11

Évaluez votre degré de contrôle et de connaissance des principaux éléments de ce qui constitue le marketing de votre entreprise à l'aide du tableau suivant :

	OUI	NON	UN PEU	N.A.
LE PRODUIT OU SERVICE				
1. Je connais bien les forces et les faiblesses :				
• de mon produit	___	___	___	___
• de mon service	___	___	___	___
2. Mon produit ou service se distingue de la concurrence.	___	___	___	___
3. Je connais bien la rentabilité de chaque ligne de produits ou catégorie de services.	___	___	___	___
4. Mon réseau de distribution et les modalités qui s'y rattachent me satisfont.	___	___	___	___
5. J'ai un bon service de mes fournisseurs.	___	___	___	___
6. La gestion de mes stocks est efficace.	___	___	___	___
7. Je veille sans cesse à ce que mon produit ou service continue à répondre aux besoins de ma clientèle cible.	___	___	___	___
8. Les produits ou services que je vends sont d'une qualité constante.	___	___	___	___

	OUI	NON	UN PEU	N.A.
LES PRIX				
9. Mes prix sont compétitifs.	___	___	___	___
10. Mes prix me procurent une marge bénéficiaire très acceptable.	___	___	___	___
11. Je connais le prix minimum auquel je peux vendre mes produits ou services.	___	___	___	___
12. J'ai toute l'information pour fixer les bons prix.	___	___	___	___
13. Je révise mes prix régulière- ment.	___	___	___	___
14. Je contrôle mes politiques d'escompte, de rabais ou d'échange.	___	___	___	___
ANALYSE DE LA LOCALISATION				
15. J'ai effectué des études de localisation avant de choisir mon emplacement.	___	___	___	___
16. Mon local est facile d'accès (route, autobus, métro).	___	___	___	___
17. Il existe suffisamment de places de stationnement à proximité.	___	___	___	___
18. Mon entreprise est située dans un milieu en expansion.	___	___	___	___
19. Je suis assez connu dans mon secteur d'activités.	___	___	___	___
20. Je suis assez connu dans mon milieu de localisation.	___	___	___	___
21. Mon local est assez vaste pour mes besoins et ceux de mes clients.	___	___	___	___

	OUI	NON	UN PEU	N.A.
22. Il y a possibilité d'agrandir le local au besoin.	____	____	____	____
23. Le coût d'occupation de mon local est correct.	____	____	____	____
24. L'ambiance, la décoration et l'aménagement de mon entreprise font que mes clients s'y sentent à l'aise.	____	____	____	____
LA PROMOTION				
25. Avant de lancer un programme de promotion, j'établis les budgets en conséquence.	____	____	____	____
26. J'établis mon plan de communication à partir d'objectifs précis de vente et en fonction d'une clientèle bien déterminée.	____	____	____	____
27. Je suis capable de préparer moi-même mon plan de promotion.	____	____	____	____
28. L'investissement que je fais en temps et en argent pour la promotion est rentable.	____	____	____	____
29. Les moyens de promotion choisis sont les plus adaptés à mon produit, ma clientèle et mes finances.	____	____	____	____
30. J'ai une méthode d'évaluation et de contrôle de l'efficacité de ma promotion.	____	____	____	____
31. J'ai tenu compte du fait qu'il y a des occasions ou des périodes de l'année qui sont plus favorables que d'autres pour faire la promotion.	____	____	____	____

	OUI	NON	UN PEU	N.A.
32. Je me fais conseiller par des experts pour certains éléments de ma promotion ou publicité (conception de logo, de dépliants, annonce dans un journal, ...).	____	____	____	____
33. Je fais en sorte qu'il y ait une concordance entre ma promotion et l'image que je veux donner de mon entreprise.	____	____	____	____
LE SERVICE À LA CLIENTÈLE				
34. J'accorde une attention particulière au service à la clientèle.	____	____	____	____
35. Les techniques que j'ai élaborées pour rendre visible le bon service que je rends à la clientèle font que mes clients préfèrent venir chez moi.	____	____	____	____
36. On peut me rejoindre facilement.	____	____	____	____
37. J'offre un service après vente efficace.	____	____	____	____
38. J'informe régulièrement mes clients sur mes nouveaux produits ou services.	____	____	____	____
39. J'ai divers moyens pour rejoindre ma clientèle (listes d'adresses, ...).	____	____	____	____
40. Je forme les membres de mon personnel pour qu'ils se considèrent comme des conseillers plutôt que comme des vendeurs.	____	____	____	____
41. Mon personnel est adéquatement formé pour répondre au téléphone.	____	____	____	____
42. Mes clients me félicitent régulièrement sur la qualité de mon service à la clientèle.	____	____	____	____

Le questionnaire qui précède a pour objet de vous permettre d'identifier vos forces et faiblesses en marketing ainsi que les ajustements que vous pourriez apporter pour avoir :

- *un produit ou service bien précisé,* ce qui implique que vous vous interrogiez très régulièrement sur sa capacité à répondre aux besoins de la clientèle. Une bonne lecture de l'environnement et une analyse de vos ventes et de la concurrence devraient vous aider à cet égard ;

- *un prix permettant une marge bénéficiaire suffisante* pour avoir un revenu confortable. À ce sujet, vous devez connaître votre seuil de rentabilité et savoir comment jouer avec vos prix dans le but d'accroître ou de maintenir vos profits ;

- *une localisation facile d'accès* dans un secteur approprié ;

- *un service à la clientèle* qui vous conserve votre marché, car les exigences en termes de bon service sont très élevées. C'est souvent sur ce point que la petite entreprise peut se distinguer de la grande, victime d'une lourdeur administrative qui l'empêche d'offrir un service adéquat. N'oubliez jamais que « ce sont les petits plus qui font les grandes différences » (sensibilisez votre personnel à ce principe), car la concurrence porte non seulement sur le prix des produits, mais aussi sur les services qui y sont associés. *Ce qui compte aujourd'hui, c'est le rapport qualité-prix-service.*

- *une promotion adaptée* qui vous permet d'accroître vos ventes pour des coûts raisonnables. Pour bien la réussir, il faut déterminer les objectifs que vous voulez atteindre et à partir de ceux-ci choisir les moyens

les plus appropriés. Les principaux moyens promo-
tionnels disponibles sont ceux-ci :

* le *bouche à oreille ou la réputation*
  À ce sujet, il est utile de savoir :
  * qu'un client insatisfait lors de son premier contact
    avec votre entreprise est presque toujours un client
    perdu ;
  * qu'un client mécontent fera part de son insatis-
    faction envers votre entreprise à dix autres person-
    nes en moyenne ;
  * qu'un client satisfait commentera positivement
    votre entreprise à environ trois personnes.
  Vous ne devez donc pas perdre votre réputation, mais
  l'améliorer.

* le *marketing direct*
  Il s'agit d'un moyen efficace permettant d'atteindre la
  clientèle cible par l'envoi postal (publipostage) ou la
  sollicitation téléphonique (télémarketing).
  À ce sujet, rappelons l'importance d'avoir un bon
  fichier d'adresses de vos clients.

* la *publicité*
  La publicité est une bonne façon de se faire connaître
  et de rejoindre un public plus vaste. Le succès de
  toute publicité repose fondamentalement sur la qua-
  lité de précision que l'on pourra donner à ses objectifs ainsi qu'à la clientèle cible.

* les *activités de promotion*
  Ces activités de communication ont essentiellement
  pour but de *provoquer une demande immédiate pour
  un produit ou un service*. Aussi s'attend-on à ce que
  les effets d'une activité promotionnelle se fassent sen-
  tir à court terme. Cependant, on ne peut en espérer
  en un effet durable.

Voici quelques exemples de promotion :
- bons de réduction
- concours
- démonstrations
- échantillons
- gadgets donnés ou vendus
- offres d'essai
- primes
- rabais
- reprises échanges
- ventes deux pour un

- *la vente directe*

  Ce type de promotion requérant un contact très personnalisé avec le client est particulièrement approprié :
  - lorsque le produit ou service est nouveau ou d'utilisation peu familière pour le client ;
  - lorsque le produit implique une dépense importante et peu répétitive (ex : une maison ou une automobile).

L'ASPECT HUMAIN DE MON ORGANISATION

Évaluez votre degré de contrôle et de connaissance des principaux éléments de la gestion du personnel de votre entreprise en répondant aux questions suivantes :

Note : les entrepreneurs qui n'ont pas d'employés à leur service ou qui n'ont pas d'associés, doivent passer au questionnaire 13.

QUESTIONNAIRE 12

	OUI	NON	UN PEU	N.A.
LES RESSOURCES HUMAINES				
1. Ai-je pour chaque poste de mon entreprise une description des tâches avec une identification des aptitudes et compétences requises ?	___	___	___	___
2. Est-ce que les nouveaux employés connaissent clairement ce qui est attendu d'eux ?	___	___	___	___
3. Lors d'une entrevue d'embauche, est-ce que j'essaye de connaître davantage le ou la candidate au lieu que de parler surtout de mon entreprise ?	___	___	___	___
4. Les salaires de mes employés sont-ils comparables aux salaires que paient les concurrents ?	___	___	___	___
5. Le nombre de mes employés correspond-il aux besoins de l'entreprise ?	___	___	___	___

	OUI	NON	UN PEU	N.A.
6. Le taux de roulement de mon personnel correspond-il aux normes qui prévalent dans mon secteur?	___	___	___	___
7. Lorsque mes employés travaillent des heures supplémentaires, sont-ils suffisamment rémunérés?	___	___	___	___
8. Est-ce que je sens que mes employés prennent à cœur l'entreprise comme si elle leur appartenait?	___	___	___	___
9. Est-ce que je récompense les employés dont je suis très satisfait?	___	___	___	___
10. Est-ce que je suis de ceux qui délèguent, permettant ainsi aux employés de prendre des responsabilités?	___	___	___	___
11. Ai-je rempli mes engagements initiaux envers mes employés?	___	___	___	___
LES ASSOCIÉS				
12. La relation entre moi et mon ou mes associés est-elle bonne?	___	___	___	___
13. Les talents et les atouts de chaque associé sont-ils complémentaires?	___	___	___	___
15. Existe-t-il une convention d'actionnaires qui me lie à mes associés?	___	___	___	___
16. Les questions de partage des profits, de transfert d'actions, de ventes d'actions, etc., sont-elles bien établies entre chaque associé?	___	___	___	___
17. Chaque associé de mon entreprise a-t-il un champ d'intervention propre qui est respecté?	___	___	___	___
18. Poursuivons-nous des objectifs communs pour la réussite de l'entreprise?	___	___	___	___

COMMENTAIRES

Le choix des ressources humaines

Un des principaux défis que doit relever l'entrepreneur consiste à choisir les bons employés, à les affecter aux postes qui leur conviennent et à créer un climat organisationnel qui permettra d'atteindre les résultats escomptés.

Au départ, l'entrepreneur est souvent le seul maître à bord. Par la suite, il doit régler la répartition du travail de quelques employés. Cependant, plus l'entreprise croît, plus il doit songer à la structurer et à déléguer des responsabilités tout en étant capable de garder le pouls de son entreprise, de motiver ses employés et d'atteindre les objectifs fixés.

Le choix des employés au moment même du recrutement aura une incidence majeure sur l'ensemble de l'entreprise quant au climat que vous voulez créer, à la structure que vous voulez implanter, à la relation supérieur-subordonné, à la motivation et finalement aux coûts de l'entreprise.

La rémunération des employés, on le sait, demeurera toujours un élément de la gestion susceptible de donner des maux de tête aux entrepreneurs et, parfois, de les amener dans des situations d'affrontement. D'où l'importance de mettre en place un système de rémunération simple, équitable et stimulant.

Enfin, si vous précisez bien vos attentes et définissez honnêtement votre style de gestion, vous serez plus apte à vous situer face à vos subalternes. Vous serez alors conscient de ce que vous pouvez leur apporter par rapport à leurs besoins et leurs attentes.

La décision de s'associer

Il est possible que, dès le lancement de votre entreprise, vous vous soyez associé à un ou plusieurs individus. Cette association peut également avoir eu lieu une fois l'entreprise établie.

Cette association doit avoir apporté quelque chose de concret à l'entreprise (de l'argent, des relations, une expertise, des contacts, etc.) Par contre, l'association peut aussi être la cause de la fermeture de l'entreprise en raison d'une profonde dissension entre les associés quant au fonctionnement de l'entreprise, sa mission, ses politiques de rémunération, la définition des rôles de chacun, etc.

Avant de s'associer, l'entrepreneur doit, pour éviter toute mésentente de ce genre, répondre aux trois questions suivantes :

- Quel est le besoin de mon entreprise ?
- Qu'apportera le nouvel associé ?
- Qu'arrivera-t-il si ça ne fonctionne pas ?

Plus précisément, voici les principaux points dont l'entrepreneur doit tenir compte :

a) *Définir le processus de décision*
   Comme toute décision a un impact sur la santé et la viabilité d'une entreprise et que les partenaires ont normalement le droit d'être tenus au courant de l'impact potentiel de tout geste qui peut être posé, il faut prévoir un système de prise de décision qui concilie efficacité et respect du rôle de chaque associé.

b) *Définir les rôles respectifs*
   Il existe deux catégories d'associés. Il y a ceux qui jouent un rôle actif dans le pouvoir décisionnel et

ceux qui sont plutôt passifs parce qu'ils ne participent pas régulièrement aux échanges qui mènent à la prise de décision. Les rôles respectifs, qui doivent être définis et reconnus, dépendent du degré de participation des associés dans l'entreprise et de leur champ d'intervention.

c) *Définir les paramètres de l'association*
Ces paramètres doivent définir :
- ce que chaque associé apporte à l'entreprise et ce qu'il peut s'attendre à en retirer à intervalles réguliers ;
- les tâches de chacun et la façon dont chacun s'en acquittera au delà des rôles respectifs ;
- les méthodes par lesquelles l'association peut être révoquée ;
- les conditions pour accepter des associés additionnels, impliquant une nouvelle répartition des responsabilités et une révision du partage du pouvoir.

d) *Le contrat d'association*
Il est finalement fortement conseillé aux entrepreneurs qui envisagent l'association ou qui sont déjà associés, de consigner les points mentionnés ci-dessus dans le cadre d'un *contrat d'association* appelé également *convention entre actionnaires*. La plupart des bureaux de conseillers juridiques pourront vous aider à la rédaction d'un tel document qui prévoit les modalités de fonctionnement propres à votre association.

LES OCCASIONS ET MENACES

Indiquez dans quelle proportion les énoncés suivants correspondent à la réalité de votre entreprise.

QUESTIONNAIRE 13

L'énoncé correspond	PAS DU TOUT	PARTIELLEMENT	EN GRANDE PARTIE	TOUT À FAIT
1. La performance de l'entreprise est évaluée périodiquement et le plan d'action réajusté en conséquence.	___	___	___	___
2. L'entreprise s'intéresse à l'amélioration de ses produits ou services actuels et à la mise au point de nouveaux produits ou services.	___	___	___	___
3. Les produits ou services des concurrents sont analysés en détail et les renseignements recueillis servent à concevoir de nouveaux projets.	___	___	___	___
4. L'entreprise se renseigne sur le nouvel équipement et sur les changements technologiques dans son secteur d'activité.	___	___	___	___
5. Les commentaires des clients au sujet des produits ou services sont analysés et pris en considération.	___	___	___	___
6. L'entreprise entretient de bonnes relations avec ses différents partenaires d'affaires (clients, fournisseurs, distributeurs, autres entrepreneurs, etc.).	___	___	___	___

L'énoncé correspond	PAS DU TOUT	PARTIELLEMENT	EN GRANDE PARTIE	TOUT À FAIT
7. L'entreprise connaît les principaux services gouvernementaux qui peuvent lui être utiles.	—	—	—	—
8. Le dirigeant de l'entreprise est membre d'un ou plusieurs réseaux de gens d'affaires.	—	—	—	—
9. L'entreprise est membre d'une association sectorielle (association des restaurateurs, association des détaillants en alimentation, etc.).	—	—	—	—

COMMENTAIRES

L'entrepreneur qui est bien renseigné sur ce qui se passe à l'extérieur de son entreprise est plus en mesure, d'une part, de profiter des occasions dont il entend parler, et d'autre part, de se protéger contre les menaces qui le guettent.

Il est donc primordial que vous soyez toujours au fait de ce qui se passe dans l'environnement immédiat de votre entreprise, ainsi que des nouveautés, ce que vous ne pourrez faire si vous restez toujours derrière votre comptoir ou dans votre bureau. À cette fin, il est conseillé d'être membre actif d'une association ou d'un réseau de gens d'affaires. Sachez, cependant, qu'il arrive parfois que les résultats attendus d'un réseau de contacts apparaissent deux ou trois ans plus tard. Bien faire sa place aujourd'hui, c'est aussi penser à l'avenir.

Dans cette deuxième partie de « **AUTODIA-GNOSTIC** », vous avez examiné la mission de votre entreprise et dégagé ses principales forces et faiblesses sur le plan financier, marketing ou ressources humaines. C'est en étant conscient de ces forces et faiblesses, que vous pourrez vous protéger contre les menaces qui planent sur votre entreprise, et que vous pourrez tirer avantage des occasions qui se présenteront dans votre marché.

En conséquence, il est essentiel que vous réduisiez autant que possible la vulnérabilité de votre entreprise aux imprévus. Vous n'avez pas les moyens de gaspiller l'investissement en temps, en argent et en réputation que vous y avez mis. *Vous n'avez pas les moyens de ne pas planifier.*

LE BILAN DE MON ENTREPRISE

Voici le moment de faire la synthèse des huit questionnaires précédents en donnant une valeur à chacun des thèmes abordés dans cette deuxième partie. Ceci vous permettra de compléter le **BILAN ENTREPRISE** et de reporter les résultats obtenus au **BILAN CONSOLIDÉ** (encart).

Pour ce faire, veuillez répondre aux questions suivantes qui résument la section 1. Souvenez-vous encore une fois que les résultats vont vous permettre de mieux connaître votre entreprise, d'où l'importance de répondre en toute sincérité.

EXPLICATIONS

- Veuillez répondre aux questions suivantes (en vous référant aux réponses que vous avez données aux questionnaires précédents) en encerclant, sur l'échelle qui apparaît à côté de chaque question, le degré d'accord ou de désaccord qui correspond le mieux à votre situation.
- Multipliez ensuite chaque valeur encerclée, par le facteur de pondération correspondant et inscrivez le résultat obtenu dans la colonne appropriée. Si le résultat est positif, inscrivez-le dans la colonne ACTIF, et s'il est négatif, inscrivez-le dans la colonne PASSIF.
Notez que le facteur multiplicateur est différent selon la question qui est posée, compte tenu de l'importance du thème qui est abordé.
- Quand vous aurez terminé l'exercice, additionnez toutes les valeurs de la colonne ACTIF et inscrivez le total obtenu dans la case TOTAL ACTIF en page 98. Ensuite additionnez toutes les valeurs de la colonne PASSIF et inscrivez le total obtenu dans la case TOTAL PASSIF.

94

- Vous reporterez ensuite ces deux totaux au BILAN CONSOLIDÉ.

EXEMPLE

	COMPLÈTEMENT EN DÉSACCORD	COMPLÈTEMENT EN ACCORD	FACTEUR DE PONDÉRATION	ACTIF	PASSIF
LA MISSION					
1. Mon entreprise poursuit une mission clairement définie.	−2 (−1) 0 +1 +2		× 4		−4
2. La mission de mon entreprise est compatible avec mes objectifs personnels.	−2 −1 0 (+1) +2		× 4	+4	
TOTAL ACTIF				+4	
TOTAL PASSIF					−4

BILAN ENTREPRISE

	COMPLÈTEMENT EN DÉSACCORD	COMPLÈTEMENT EN ACCORD	FACTEUR DE PONDÉRATION	ACTIF	PASSIF
LA MISSION					
1. Mon entreprise poursuit une mission clairement définie.	−2 −1 0 +1 +2		× 4	__	__
2. La mission de mon entreprise est compatible avec mes objectifs personnels.	−2 −1 0 +1 +2		× 4	__	__
3. La mission de mon entreprise vise son existence à long terme.	−2 −1 0 +1 +2		× 2	__	__
LES FINANCES					
4. La structure financière de mon entreprise est solide.	−2 −1 0 +1 +2		× 3	__	__
5. J'ai l'information nécessaire pour contrôler ma situation financière.	−2 −1 0 +1 +2		× 3	__	__
6. J'ai le soutien nécessaire (comptable, banquier) pour évaluer la santé financière de mon entreprise.	−2 −1 0 +1 +2		× 2	__	__

	COMPLÈTEMENT EN DÉSACCORD	COMPLÈTEMENT EN ACCORD	FACTEUR DE PONDÉRATION	ACTIF	PASSIF
LA RENTABILITÉ					
7. Les profits générés par mon entreprise me satisfont.	−2 −1 0 +1 +2		× 3	__	__
8. J'ai atteint à ce jour les objectifs de rentabilité que je m'étais fixés.	−2 −1 0 +1 +2		× 2	__	__
9. Je prévois un rendement sur mon investissement qui me satisfera d'ici 2 à 3 ans.	−2 −1 0 +1 +2		× 3	__	__
LE MARKETING					
10. La localisation (emplacement) de mon entreprise répond parfaitement à mes besoins.	−2 −1 0 +1 +2		× 3	__	__
11. La demande pour mes produits ou services est en croissance.	−2 −1 0 +1 +2		× 3	__	__
12. Mes prix me procurent une marge bénéficiaire satisfaisante.	−2 −1 0 +1 +2		× 3	__	__
13. Ma promotion me donne des résultats tangibles.	−2 −1 0 +1 +2		× 3	__	__
14. La qualité de mon service à la clientèle est excellente.	−2 −1 0 +1 +2		× 3	__	__

	COMPLÈTEMENT EN DÉSACCORD	COMPLÈTEMENT EN ACCORD	FACTEUR DE PONDÉRATION	ACTIF	PASSIF
LES RESSOURCES HUMAINES					
15. Je suis bien entouré et épaulé par mes employés.*	−2 −1 0 +1 +2		× 4	__	__
16. Les employés savent clairement ce que j'attends d'eux.*	−2 −1 0 +1 +2		× 3	__	__
17. Les employés sont satis-faits des conditions de travail que je leur offre.*	−2 −1 0 +1 +2		× 2	__	__
EXAMEN GÉNÉRAL DE LA SITUATION					
18. De façon générale, mon entreprise est structurée, organisée et contrôlée adéquatement.	−2 −1 0 +1 +2		× 3	__	__
19. De façon générale, j'ai l'information nécessaire pour profiter au maxi-mum des occasions d'affaires et pour limiter au maximum les mena-ces qui pourraient affec-ter l'avenir de mon entreprise.	−2 −1 0 +1 +2		× 3	__	__
TOTAL ACTIF					
TOTAL PASSIF					

* Les entrepreneurs qui n'ont pas d'employés à leur service doivent indiquer la valeur 0 aux questions 15, 16 et 17.

DIRECTIVES QUANT AU REPORT DES VALEURS AU LE BILAN CONSOLIDÉ

Tel que nous l'avons mentionné, vous devez reporter les valeurs inscrites aux cases TOTAL ACTIF et TOTAL PASSIF au bilan consolidé.

1. *Compilation de l'actif*
   Reportez le total positif que vous avez inscrit à la case TOTAL ACTIF de votre BILAN ENTREPRISE à la ligne *Forces d'entreprise* figurant à la colonne *ACTIF* (forces) du BILAN CONSOLIDÉ.

2. *Compilation du passif*
   Reportez le total négatif que vous avez inscrit à la case TOTAL PASSIF de votre BILAN ENTREPRISE à la ligne *Faiblesses d'entreprise* apparaissant à la colonne PASSIF (faiblesses) du BILAN CONSOLIDÉ.

3. *Compilation de l'avoir des actionnaires*
   Pour calculer la valeur de la ligne *Avoir entreprise*, vous devez calculer la différence entre la valeur que vous avez inscrite à la ligne *Forces d'entreprise* et celle de la ligne *Faiblesses d'entreprise*.

AVOIR PERSONNEL	=	FORCES PERSONNELLES	−	FAIBLESSES PERSONNELLES

COMMENTAIRES
SUR LE BILAN ENTREPRISE

Toutes les entreprises, grandes ou petites, poursuivent une mission et sont constituées d'un même ensemble de fonctions (finance, marketing, ressources humaines, etc.). L'importance de ces fonctions varie selon le type de l'entreprise, son envergure, et le profil de l'entrepreneur qui la dirige.

L'efficacité de ces fonctions influencera directement la performance de l'entreprise dans son marché. Pour atteindre ce degré d'efficacité, l'entrepreneur doit, tout d'abord, prendre conscience de son niveau de connaissances et de ses aptitudes envers les divers éléments qui composent son entreprise.

L'examen de votre entreprise que vous venez d'effectuer, sans vous apporter de solutions miracles, vous permet de vous situer par rapport à ces fonctions et d'en évaluer la performance.

Nous avons accordé un maximum de 112 points à cette portion du bilan, ce qui représente le pointage le plus élevé de l'ensemble de « **AUTODIAGNOSTIC** ».

Le pointage que vous avez obtenu doit vous permettre d'évaluer la santé générale de votre entreprise et d'en identifier les forces et les faiblesses.

Plus précisément, nous avons accordé les pointages suivants pour chaque élément de l'entreprise :

100

POINTAGE MAXIMUM		VOTRE POINTAGE
Mission (questions 1 à 3)	20 points	_____ points
Finance (questions 4 à 6)	16 points	_____ points
Rentabilité (questions 7 à 9)	16 points	_____ points
Marketing (questions 10 à 14)	30 points	_____ points
Ressources humaines (questions 15 à 17)	18 points	_____ points
Examen de la situation (questions 18 et 19)	12 points	_____ points
TOTAL	112 POINTS	_____ POINTS

Pour vous permettre d'approfondir votre analyse sur chacune des fonctions de votre entreprise, nous vous invitons à répartir le pointage total que vous avez obtenu selon le tableau ci-dessus.

Il ne s'agit pas pour vous de tout connaître et d'être partout à la fois. Mais plutôt de bien contrôler et diriger l'ensemble des fonctions dont est composée votre entreprise. Il vous est également fortement conseillé de revoir chaque année les bases de la mission de votre entreprise et de vous interroger régulièrement sur les objectifs que vous poursuivez.

Si, à la lumière de cet examen, vous sentez que certains éléments vous échappent, nous vous suggérons d'établir, à l'aide du « **Plan d'action d'entreprise** » ci-après, les mesures correctrices qui vous permettront de rectifier votre tir.

Votre entreprise n'est pas un projet à court terme, et peu d'entrepreneurs peuvent se vanter d'avoir tout accompli en une seule année. C'est par le travail et une implication constante que vous atteindrez vos objectifs.

Pour compléter « **AUTODIAGNOSTIC** », une dernière analyse s'impose, soit celle de l'environnement dans lequel votre entreprise évolue.

PLAN D'ACTION PERSONNEL

POINTS À AMÉLIORER	ACTIONS PRIORITAIRES

TROISIÈME PARTIE

L'ENVIRONNEMENT DE L'ENTREPRISE

INTRODUCTION

Au cours des deux parties précédentes, vous avez évalué votre situation personnelle, ainsi que celle de votre entreprise et vous avez déterminé les aspects qui ont besoin d'ajustements.

La troisième partie de « **AUTODIAGNOSTIC** » vous permettra d'aller plus loin et d'évaluer vos connaissances sur l'environnement dans lequel évolue votre entreprise c'est-à-dire sur l'ensemble des différentes variables extérieures qui l'entourent et l'influencent. Pour vous aider à analyser cet environnement, nous avons préparé des questions qui visent à identifier ses diverses composantes.

Vous remarquerez que beaucoup de questions se rapportent au marketing, ce qui devrait refléter l'importance fondamentale de cette fonction pour votre entreprise.

Votre entreprise évolue dans un environnement économique, social, juridique et politique en constante évolution. Les changements qui s'y opèrent risquent d'affecter votre entreprise. Une récession économique, des changements technologiques, de nouvelles réglementations sont autant de facteurs dont vous devrez tenir compte afin de bien planifier votre avenir et celui de votre entreprise. Les connaissez-vous ?

LE MICRO-ENVIRONNEMENT DE MON ENTREPRISE

ANALYSE DE MARCHÉ

En affaires, il existe une règle celle du 20-80. Certes, elle n'est pas scientifique, mais bien souvent elle reflète la réalité. Pour toute entreprise, 20 % de la clientèle génère à lui seul 80 % du chiffre d'affaires.

Pour répondre au questionnaire suivant, nous vous proposons de garder à l'esprit ce 20 % de votre clientèle.

QUESTIONNAIRE 14

1. Vos clients actuels sont-ils ceux que vous aviez prévu au moment de l'élaboration de votre plan d'affaires ? Qui sont-ils maintenant ? (Âge, sexe, état civil, profession, revenu annuel, genre d'activités, priorités, etc.)

_____

_____

_____

_____

_____

2. Qu'est-ce qui les intéresse ? (Les raisons qui les incitent à acheter, ce qui les attire, ce qu'ils recherchent habituellement)

_____

_____

_____

_____

3. Comment achètent-ils? (Habitudes d'achat (en exclusivité, à rabais, en vrac, à la pièce, etc.). À quel fréquence? À quel moment dans l'année? À quel endroit? Qui prend la décision d'acheter?)

_____

_____

_____

_____

_____

4. Où sont-ils? (Espace géographique où se trouve la majorité de vos clients (quartier, ville, région, etc.) ou limites à l'intérieur desquelles sont les gens à qui vous voulez d'abord vous adresser)

_____

_____

_____

_____

_____

5. Leur nombre a-t-il augmenté depuis que vous êtes en affaires? Ce nombre correspond-il à ce que vous aviez prévu?

_____

_____

_____

_____

_____

111

6. Leur volume d'achat s'est-il révélé supérieur ou inférieur à vos budgets prévisionnels ?

_____

_____

_____

_____

7. Si vos clients actuels n'ont pas les principales caractéristiques que vous aviez envisagées au moment du lancement de votre entreprise, êtes-vous en mesure d'expliquer la différence entre vos prévisions et la réalité ?

_____

_____

_____

_____

8. Prévoyez-vous d'importants changements quant à l'évolution de votre marché au cours de la prochaine année ?

_____

_____

_____

_____

9. Les autres commerces ou entreprises qui se sont installés à proximité depuis votre ouverture, ont-ils des activités complémentaires aux vôtres?

_____

_____

_____

_____

_____

10. Pourriez-vous profiter de leur clientèle?

_____

_____

_____

_____

_____

11. Êtes-vous bien localisé pour profiter des mouvements de clientèle dans votre secteur?

_____

_____

_____

_____

_____

113

12. Y a-t-il encore aujourd'hui suffisamment de four-
    nisseurs ou distributeurs dans votre environne-
    ment pour vous permettre de bien fonctionner ?

    _____

    _____

    _____

    _____

    _____

13. Avez-vous de la facilité à recruter la main-d'œuvre
    appropriée ?

    _____

    _____

    _____

    _____

    _____

COMMENTAIRES

Le questionnaire auquel vous venez de répondre
devrait vous permettre d'évaluer votre connaissance du
marché dans lequel évolue votre entreprise depuis ses
débuts ainsi que de déterminer qui sont vos clients
d'aujourd'hui et de demain.

Le propriétaire dirigeant d'une micro-entreprise
a souvent tendance à concentrer son énergie à l'interne
et à oublier que le marché auquel il s'adresse évolue
constamment. Or, en plus de réagir aux changements
qui se produisent continuellement autour de lui, il doit
être capable de voir au-delà des événements et de
prévoir les choses qui risquent de modifier le cours de
ses affaires.

Si à la lumière de vos réponses, vous avez l'impression de ne pas connaître votre clientèle avec exactitude, il y a probablement lieu de procéder à une nouvelle analyse des besoins, de la nature et de l'importance de votre clientèle. Par exemple, vos produits ou services sont-ils surtout achetés par des étudiants ou des personnes à revenu élevé ? Il est fondamental que vous puissiez répondre à cette question, car de la connaissance de votre marché cible dépendent plusieurs éléments tels la présentation de votre produit, votre service à la clientèle, l'aménagement de votre établissement, vos stratégies promotionnelles, etc.

Pour faire cette analyse de marché, vous pouvez vous adresser à une firme spécialisée, ce qui, en général, est assez onéreux.

Vous pouvez aussi recueillir vous-même les informations pertinentes sur votre clientèle potentielle et ses besoins en interrogeant des personnes qui connaissent bien cette clientèle. Comme par exemple :

- grossistes ou détaillants
- propriétaires de centres commerciaux
- banquiers
- concurrents
- fournisseurs
- professeurs
- organismes gouvernementaux
- chambres de commerce
- groupes de soutien aux jeunes entrepreneurs
- commissaires industriels
- associations de marchands
- etc.

Pour compléter votre information, vous pouvez également identifier les caractéristiques du produit ou service que vous vendez. Cette analyse vous permet de déterminer les facteurs clés de réussite concernant votre produit ou votre service.

En résumé, il est primordial que vous sachiez qui sont vos clients, car la principale cause d'échec des dirigeants d'entreprise réside dans l'inexistence, l'étroitesse ou la perte du marché qu'ils ont choisi.

ANALYSE DE LA CONCURRENCE

QUESTIONNAIRE 15

1. Savez-vous de qui la clientèle achète actuellement? En d'autres termes, connaissez-vous vos concurrents? Avez-vous, sur votre marché, des concurrents que vous ne connaissez pas?

   Pour vous aider à répondre à ces questions, nous vous invitons à remplir le tableau ci-dessous.

   Par ordre d'importance, mes concurrents sont:

NOM	EMPLACEMENT	FORCES	FAIBLESSES

COMMENTAIRES

Après l'identification du marché potentiel, la deuxième étape d'une étude de marché comprend l'analyse du nombre, de la nature, du type et de l'importance des concurrents.

En effet, si vous avez réussi à définir avec un maximum de précision qui sont vos clients potentiels, il est bien évident que vous ne pouvez les avoir pour vous seul ! La concurrence est là qui en absorbe une partie.

L'identification de cette concurrence est un aspect essentiel. De plus, n'oubliez pas que vos concurrents ne se limitent pas à ceux qui ont le même type d'entreprise que vous. Si vous êtes propriétaire d'un restaurant de mets rapides, il est important que vous connaissiez les principaux restaurants de ce type dans votre localité, tout en prenant conscience que tous les autres restaurants représentent des concurrents indirects.

Ce n'est qu'une fois identifiée correctement que la concurrence peut être analysée de façon objective. En plus des réponses que vous avez données au questionnaire 15, vous pouvez approfondir votre analyse et vous poser les questions suivantes :

- Comment comparez-vous votre situation financière à celle de votre concurrence ?
- Qui imite qui : vous ou vos concurrents ?
- Comment se comparent vos prix et autres facteurs non financiers tels la promotion, le personnel, etc. ?

De plus, n'oubliez pas les plus petits que vous. Ils peuvent représenter une menace pour votre avenir à plus ou moins long terme.

118

SECTION 2

LE MACRO-ENVIRONNEMENT DE MON ENTREPRISE

ENVIRONNEMENT SOCIO-ÉCONOMIQUE

QUESTIONNAIRE 16

1. La population de la ville ou du quartier où est située votre entreprise est-elle en expansion ?

_____

_____

_____

_____

2. Comment évoluent les revenus de cette population ?

_____

_____

_____

_____

3. Savez-vous si votre clientèle cible est en croissance ou non en termes de nombre et de dépenses à allouer à votre produit ou service ?

_____

_____

_____

_____

4. Le taux de chômage dans votre région est-il élevé?

_____

_____

_____

_____

5. Quelle est la principale activité économique de votre région?

_____

_____

_____

_____

6. Les entreprises importantes de la ville sont-elles en expansion?

_____

_____

_____

_____

7. La diversité des secteurs d'activités et la présence de grandes entreprises diversifiées et dominantes dans une région assurent une certaine stabilité économique. Qu'en est-il de la vôtre?

_____

_____

_____

_____

8. La région où votre entreprise est située est-elle soumise à des fluctuations saisonnières ?

_____

_____

_____

_____

COMMENTAIRES

Les forces que représentent le milieu social et culturel (tout comme les lois, les règlements, les facteurs économiques, la concurrence, la technologie, ...) sont celles sur lesquelles vous n'avez pratiquement aucune emprise. Ce n'est pas là une raison de ne pas réfléchir à l'influence que ces forces exercent sur votre entreprise et qui sont susceptibles de contrecarrer n'importe quel plan de marketing, voire même de compromettre l'existence de votre entreprise.

Il est évident que la micro-entreprise n'est pas en mesure de mettre au point une méthode sophistiquée pour mesurer l'évolution du mode de vie de sa clientèle ou des caractéristiques socio-économiques de son marché. Cependant, l'entrepreneur se doit d'être à l'écoute des tendances de son environnement. Pour cela, il peut se renseigner auprès de fournisseurs, de clients, d'associations commerciales, de sources publiques (organismes de statistiques, bibliothèques, etc.) ou d'organismes gouvernementaux, qui seront en mesure de lui donner l'heure juste quant aux conditions de l'environnement socio-économique dans lequel évolue son entreprise.

ENVIRONNEMENT POLITICO-JURIDIQUE

Veuillez répondre aux questions suivantes.

QUESTIONNAIRE 17

	OUI	NON	UN PEU
1. Connaissez-vous bien les lois et règle-ments applicables dans votre domaine d'activité?	___	___	___
2. Connaissez-vous les lois qui concernent votre responsabilité personnelle en tant que propriétaire d'entreprise?	___	___	___
3. Êtes-vous au courant des politiques de zonage dans votre localité?	___	___	___
4. Connaissez-vous les lois qui ont trait à l'enregistrement des marques de com-merce?	___	___	___
5. Œuvrez-vous dans un secteur où un changement de lois et règlements aurait un effet néfaste sur la vie de votre entre-prise?	___	___	___
6. Êtes-vous familier avec la loi de la pro-tection des consommateurs?	___	___	___
7. Connaissez-vous parfaitement les lois sur sur les normes du travail (fédéral et pro-vincial)?	___	___	___
8. Le local que vous occupez est-il conforme aux normes gouvernementales (sorties d'incendie, gicleurs, dimensions des portes d'entrées, sens d'ouverture des portes, ...)?	___	___	___

COMMENTAIRES

Que vous soyez d'accord ou non avec la pertinence des lois et règlements qui régissent votre secteur d'activité, il n'en reste pas moins que toute infraction à ces lois et règlements ou simplement leur modification peut avoir des répercussions sur l'avenir de votre entreprise.

Il faut que votre vision des choses soit la plus large possible. En tant que propriétaire d'entreprise vous devez savoir un minimum de choses au sujet de la réglementation qui vous concerne.

ENVIRONNEMENT TECHNOLOGIQUE

Veuillez répondre aux questions suivantes.

QUESTIONNAIRE 18

	OUI	NON	UN PEU
1. À ma connaissance, j'utilise au maximum la technologie disponible dans mon secteur.	____	____	____
2. La connaissance des techniques de fabrication de mon ou de mes produits est un excellent argument de vente.	____	____	____
3. Je connais la technologie utilisée par mes concurrents.	____	____	____
4. Certains secteurs de mon entreprise auraient besoin d'être modernisés.	____	____	____
5. J'ai consulté diverses sociétés pour évaluer mes besoins informatiques.	____	____	____
6. Ma gestion courante (comptabilité, secrétariat, comptes-clients, ...) est améliorée grâce à l'informatique.	____	____	____
7. Mon système téléphonique est adapté à mes besoins et me permet d'économiser temps, argent et énergie.	____	____	____
8. J'ai étudié la possibilité de me munir d'un télécopieur pour communiquer plus facilement avec mes clients ou mes fournisseurs.	____	____	____
9. Je connais les programmes d'aide gouvernementale pour l'introduction de nouvelle technologie.	____	____	____
10. Je me renseigne régulièrement sur la nouvelle technologie utilisée dans mon secteur d'activité.	____	____	____

125

COMMENTAIRES

Plusieurs dirigeants d'entreprise associent à tort la haute technologie à la grande entreprise. Pourtant, vous n'avez pas d'autre choix que de vous adapter à l'avènement de nouvelle technologie compatible avec vos besoins. En effet, le micro-ordinateur, les systèmes téléphoniques, l'informatisation ou l'automatisation des processus de production sont autant d'éléments à considérer pour les raisons suivantes :

- rester compétitif dans votre marché ;
- économiser argent, temps et énergie ;
- accroître votre productivité ;
- satisfaire les besoins de votre clientèle.

Il faut que vous adoptiez une attitude dynamique, non seulement dans la recherche de nouveaux marchés, mais également dans celle de nouvelles technologies. Avez-vous déjà évalué la possibilité d'acquérir un micro-ordinateur vous permettant d'optimiser votre système d'information comptable, votre système d'inventaire, votre gestion des comptes-clients, vos lettres et documents administratifs ? Avez-vous également examiné la possibilité d'acheter une caisse enregistreuse électronique dont les fonctions sont maintenant assez sophistiquées pour vous donner de l'information ponctuelle à tout moment ? Nous vous suggérons fortement de rencontrer des conseillers dans le domaine qui vous aiderons à analyser vos besoins et à implanter dans votre entreprise de nouveaux systèmes adaptés à votre situation.

Dans bien des cas, l'investissement que nécessite l'acquisition d'équipement de cet ordre sera rapidement amorti par l'économie de temps, l'exactitude et la pertinence des informations.

126

Pour être au fait des éléments relatifs à votre entreprise, les principales sources d'information à votre disposition sont les suivantes :

- entreprises qui offrent la technologie
- revues spécialisées
- journaux
- associations professionnelles
- expositions et conférences

LE BILAN DU POSITIONNEMENT DE MON ENTREPRISE

Voici le moment de faire la synthèse des cinq questionnaires précédents en donnant une valeur à chacun des thèmes abordés dans cette 3e partie. Ceci vous permettra de dresser le **BILAN ENVIRONNEMENT,** puis de reporter les résultats obtenus au **BILAN CONSOLIDÉ.**

Vous devez répondre honnêtement aux questions, car les résultats vont vous permettre de mieux connaître l'environnement dans lequel évolue votre entreprise.

EXPLICATIONS

- Veuillez répondre aux questions suivantes (en vous référant aux réponses que vous avez données aux questionnaires précédents) en encerclant, sur l'échelle qui figure à côté de chaque question, le degré d'accord ou de désaccord qui correspond le mieux à votre situation.
- Multipliez ensuite chaque valeur encerclée, par le facteur de pondération correspondant et inscrivez le résultat obtenu dans la colonne appropriée. Si le résultat est positif, inscrivez-le dans la colonne ACTIF, et s'il est négatif, inscrivez-le dans la colonne PASSIF.
Notez que le facteur multiplicateur est différent selon la question qui est posée et compte tenu de l'importance du thème qui est abordé.
- Quand vous aurez terminé l'exercice, additionnez toutes les valeurs de la colonne ACTIF et inscrivez le total obtenu à la case TOTAL ACTIF. Additionnez ensuite toutes les valeurs de la colonne PASSIF et inscrivez le total obtenu à la case TOTAL PASSIF.
- Vous reporterez ensuite ces deux totaux au BILAN CONSOLIDÉ.

EXEMPLE

	COMPLÈTEMENT EN DÉSACCORD	COMPLÈTEMENT EN ACCORD	FACTEUR DE PONDÉRATION	ACTIF	PASSIF
LE MICRO-ENVIRONNEMENT					
1. Je connais bien les habitudes et les besoins de ma clientèle actuelle.	−2 −1 0 (+1) +2		× 1	+1	
2. De façon générale je connais bien la demande qui existe pour mes produits ou services sur mon marché.	−2 −1 (0) +1 +2		× 1		
TOTAL ACTIF				+1	
TOTAL PASSIF					

BILAN ENVIRONNEMENT

	COMPLÈTEMENT EN DÉSACCORD / COMPLÈTEMENT EN ACCORD	FACTEUR DE PONDÉRATION	ACTIF	PASSIF
1. Je connais bien les habitudes et les besoins de ma clientèle actuelle.	−2 −1 0 +1 +2	× 1	___	___
2. De façon générale je connais bien la demande qui existe pour mes produits ou services sur mon marché.	−2 −1 0 +1 +2	× 1	___	___
3. J'ai identifié de façon précise ma concurrence directe ou indirecte.	−2 −1 0 +1 +2	× 2	___	___
4. Je connais bien les forces et les faiblesses de ma concurrence et je suis en bonne position par rapport à celle-ci.	−2 −1 0 +1 +2	× 2	___	___
LE MACRO-ENVIRONNEMENT 5. De façon générale, je connais bien l'environnement socio-économique de ma région immédiate.	−2 −1 0 +1 +2	× 2	___	___
6. Je connais toutes les lois et règlements auxquels mon entreprise doit se soumettre.	−2 −1 0 +1 +2	× 2	___	___

	COMPLÈTEMENT EN DÉSACCORD	COMPLÈTEMENT EN ACCORD	FACTEUR DE PONDÉRATION	ACTIF	PASSIF
7. Je suis de près toutes les modifications de lois et de règlements qui pourraient affecter mon secteur d'activité.	−2 −1 0 +1 +2		× 2		
8. Je suis de près tout changement technologique qui pourrait améliorer la performance de mon entreprise.	−2 −1 0 +1 +2		× 2		
EXAMEN GÉNÉRAL DE LA SITUATION 9. De façon générale, je connais et je m'adapte aux différentes variables qui constituent l'environnement de mon entreprise.	−2 −1 0 +1 +2		× 4		
TOTAL ACTIF					
TOTAL PASSIF					

DIRECTIVES QUANT AU REPORT DE VALEURS DANS LE BILAN CONSOLIDÉ

Comme nous vous l'avons déjà mentionné, vous devez reporter les valeurs inscrites aux cases TOTAL ACTIF et TOTAL PASSIF au BILAN CONSOLIDÉ.

1. *Compilation de l'actif*

Reportez le total positif que vous avez inscrit à la case TOTAL ACTIF de votre BILAN ENVIRONNE-

MENT à la ligne *Bon positionnement dans environnement* figurant à la colonne ACTIF (Forces) du BILAN CONSOLIDÉ.

2. *Compilation du passif*
   Reportez le total négatif que vous avez inscrit à la case TOTAL PASSIF de votre BILAN ENVIRONNEMENT à la ligne *Mauvais positionnement dans environnement* figurant à la colonne PASSIF (Faiblesses) du BILAN CONSOLIDÉ.

3. *Compilation de l'avoir des actionnaires*
   Pour calculer la valeur qui apparaît à la ligne *Avoir environnement*, vous devez calculer la différence entre la valeur que vous avez inscrite à la ligne *Bon positionnement dans environnement* et celle que vous avez inscrite à la ligne *Mauvais positionnement dans environnement.*

AVOIR ENVIRONNEMENT	=	BON POSITIONNEMENT DANS ENVIRONNEMENT	_	MAUVAIS POSITIONNEMENT DANS ENVIRONNEMENT

Voilà votre BILAN CONSOLIDÉ est entièrement complété.

Vous pouvez vérifier si vos calculs sont exacts en effectuant l'opération suivante :

TOTAL AVOIR DES ACTIONNAIRES = TOTAL ACTIF – TOTAL PASSIF

La valeur obtenue devrait vous permettre de constater si, dans l'ensemble, vous avez plus de forces que de faiblesses.

134

COMMENTAIRES
SUR LE BILAN ENVIRONNEMENT

À priori l'environnement peut paraître une notion très abstraite pour l'entrepreneur qui a lancé depuis peu son entreprise. En effet, ce dernier a plutôt tendance à canaliser son énergie vers la gestion interne de son entreprise, en délaissant l'analyse des facteurs externes qui influencent directement ou indirectement le cours de ses affaires.

Pourtant, l'avenir de l'entreprise dépend du macro-environnement dans lequel elle évolue.

Toutefois, il est primordial que l'entrepreneur prenne aussi conscience des principaux éléments qui constituent le micro-environnement de son entreprise.

Bien que le pointage maximum accordé au BILAN ENVIRONNEMENT ne soit que de 36 points, cette partie de « **AUTODIAGNOSTIC** » est fondamentale pour aider l'entrepreneur à se positionner dans son marché de façon efficace.

Nous avons accordé les pointages suivants aux différentes variables de l'environnement :

POINTAGE MAXIMUM		VOTRE POINTAGE
Micro-environnement (questions 1 à 4)	12 points	_____ points
Macro-environnement (questions 5 à 8)	16 points	_____ points
Examen général de la situation (question 9)	8 points	_____ points
TOTAL	36 points	_____ POINTS

Répartissez le pointage total que vous avez obtenu au tableau ci-dessus. Le résultat doit vous indiquer (du moins en partie) l'étendue de votre degré de connaissances des différentes variables qui constituent votre environnement (micro et macro). Si votre pointage vous semble insuffisant, il est important de l'améliorer. Pour cela, nous vous suggérons de mettre sur pied un plan d'action qui visera à vous informer davantage sur votre marché immédiat, votre clientèle, les lois et réglementations qui régissent votre secteur, les changements technologiques dans votre domaine d'activité, etc. Les associations sectorielles, les chambres de commerce, les municipalités, les professionnels et certaines revues spécialisées pourront vous aider dans cette démarche.

PLAN D'ACTION EN REGARD DE L'ENVIRONNEMENT DE L'ENTREPRISE

ÉLÉMENTS DE L'ENVIRONNEMENT À CONNAÎTRE ET À PRENDRE EN COMPTE	ACTIONS PRIORITAIRES À ENTREPRENDRE

CONCLUSION

Vous venez de vous livrer à un travail qui vous a probablement demandé une bonne dose de réflexion, mais nous sommes persuadés que cet exercice vous a été bénéfique.

Votre BILAN CONSOLIDÉ reflète votre image et vous donne de bonnes indications sur vos principales forces et faiblesses. Peut-être en étiez-vous déjà conscient, mais cet exercice vous a sûrement aidé à faire le point et à identifier ce que vous pressentiez.

Il s'agit maintenant de mettre en branle votre plan d'action. Pour ce faire, nous vous suggérons de reprendre les trois tableaux que vous avez remplis aux pages 45, 98 et133 et de dresser la liste des actions que vous devez entreprendre *par ordre de priorité*. Si vous ressentez le besoin de redresser votre situation, il vous est fortement suggéré de faire appel à de l'aide extérieure ou de consulter des ouvrages spécialisés qui pourront guider vos décisions.

Dans un an, ou quand vous en ressentirez le besoin, nous vous conseillons de reprendre ce guide, de refaire votre diagnostic et de comparer vos résultats avec ceux que vous aviez obtenus. Vous remarquerez sûrement une certaine évolution par les éléments nouveaux que vous découvrirez et qu'il vous faudra à nouveau redresser ou renforcer.

Nous terminons ce guide par une dernière citation tirée du livre de Robert Papin, « *Stratégie pour la création d'entreprise* ». p. 394 :

« Pour réussir, soyez prudent, mais audacieux. Travaillez énormément, mais en gardant l'esprit libre.

Veillez à tout, mais en laissant à chacun sa responsabilité. Soyez économe, mais sachez dépenser. Ayez de l'intelligence, mais que le voisin ne soit pas écrasé. Soyez fort, mais ne faites peur à personne. Soyez droit et confiant, mais pensez que le voisin ne l'est pas toujours. Si vous vous sentez capable de tout cela, essayez ; sinon essayez quand même, et si vous réussissez, tout le reste vous sera donné par surcroît ».

(Les Propos d'O.L. Barenton, confiseur).

PLAN D'ACTION GLOBAL

POINTS PRIORITAIRES	ÉCHÉANCES

BIBLIOGRAPHIE

BANQUE ROYALE DU CANADA, *Série Guide pour les dirigeants de petites et moyennes entreprises*, 1979.

BLANCHARD, Kenneth, LORBIER, Robert, *Putting the one minute manager to work*, William Morrow and Company Inc, New York, 1984.

BLOCH, Philippe, HABABOU, Ralph, XARDEL, Dominique, *Service compris*, L'expansion, Hachette, Éditions Jean-Claude Lattes, 1986.

COHEN, William A, *The Entrepreneur & Small Business Problem Solver*, An Encyclopedic Reference and Guide, John Wiley & Sons, 1990.

COLLERETTE, Pierre, AUBRY, Paul G, *Femmes et hommes d'affaires qui êtes-vous ?* Un portrait des gens d'affaires, Agence d'Arc Inc, 1988.

COSSETTE, Claude, *Comment faire sa publicité soi-même*, Collection Les Affaires, Publications Transcontinental, 1988.

FÉDÉRATION CANADIENNE DE L'ENTREPRISE INDÉPENDANTE, *Guide de gestion de la petite entreprise*, 1980-83.

FONDATION DE L'ENTREPRENEURSHIP, *Questionnaire auto-évaluation du potentiel d'entrepreneurship (adulte)*, 1988.

FONDATION DE L'ENTREPRENEURSHIP, *Des outils pour les gens d'affaires d'aujourd'hui*, 1988.

FORTIN, Paul-A., *Devenez Entrepreneur*, Préparé par la Faculté des Sciences de l'administration de l'Université Laval sous la direction de Paul-A. Fortin, Les Presses de l'Université Laval, 1986.

GASSE, Yvon, BOUCHARD, Marcelle, D'AMOURS, Aline, *Posséder mon entreprise*, une approche dynamique à la création d'une entreprise, Fischer Presses, 1988.

GRANGER, Benoît, MONTELH, Bernard, *Entreprendre Aujourd'hui*, mode d'emploi, Ance, France, 1986.

GRAY, Douglas A, GRAY, Diana Lynn, *The Complete Canadian Small Business Guide*, McGraw-Hill Ryerson, CANADA, 1988.

LEVASSEUR, Pierre, *Lancer son entreprise*, (Collection Affaires), Les Éditions de l'Homme, 1986.

LEVASSEUR, Pierre, *Gérer ses ressources humaines*, (Collection Affaires), Les Éditions de l'Homme, 1986.

MICHON, Christian, *La prospection commerciale*, Les Éditions d'organisation, 1982.

MINISTÈRE DE L'INDUSTRIE ET DU COMMERCE, Direction de la promotion de l'entrepreneurship, *Mon projet d'entreprise (atelier)*, Gouvernement du Québec, 1989.

MINISTÈRE DE L'INDUSTRIE, DU COMMERCE ET DE LA TECHNOLOGIE, *Femmes Entrepreneures au Québec*, L'entreprise de la femme d'affaires, Le profil de la femme entrepreneure, feuillet, Gouvernement du Québec, 1989.

PAPIN, Robert, *Stratégie pour la création d'entreprise*, Bordas, Paris, 1982.

PETERS, Thomas J., WATERMAN, Robert H., *In search of Excellence*, Harper & Row Publishers, New York, 1982.

POULIN, Paul, *Le marketing direct, cibler, prospecter, vendre*, Collection Les Affaires, Publications Transcontinental, 1989.

ROBERGE, Camille D., CHARBONNEAU, Alain, *Ouvrir et gérer un commerce de détail*, Les Éditions de l'Homme, 1988.

ROYNAT, en collaboration avec L'ÉCOLE DES HAUTES ÉTUDES COMMERCIALES et LEVASSEUR ET ASSOCIÉS INC., *Réussir en Affaires*, 1982.

ROYNAT, en collaboration avec L'ÉCOLE DES HAUTES ÉTUDES COMMERCIALES et LEVASSEUR ET ASSOCIÉS INC., *Réussir en Affaires (monographies)*, 1982.

ENTREPRENEUR(E) (nom) : _____

ENTREPRISE (nom) : _____

BILAN CONSOLIDÉ

Du _____ au _____ 19_____

(Forces)

Forces personnelles
(voir Bilan personnel, page 45)   _____

Forces d'entreprise
(voir Bilan entreprise, page 98)   _____

Bon positionnement dans environnement
(voir Bilan environnement, page 133)   _____

TOTAL ACTIF   _____

(Faiblesses)   _____

Faiblesses personnelles
(voir Bilan personnel, page 45)   _____

Faiblesses d'entreprise
(voir Bilan personnel, page 98)   _____

Mauvais positionnement dans environnement
(voir Bilan personnel, page 133)   _____

TOTAL PASSIF   _____

EXPLICATIONS POUR COMPLÉTER LE BILAN CONSOLIDÉ
Bilan personnel	p. 41
Bilan entreprise	p. 25
Bilan environnement	p. 131

Avoir personnel   _____

Avoir entreprise   _____

Avoir environnement   _____

TOTAL AVOIR DES ACTIONNAIRES :   _____

Achevé d'imprimer
en février 1991
MARQUIS
Montmagny, QC